왜 일대일 제자양육인가

왜 일대일 제자양육인가

지은이 | 이기훈
초판 발행 | 2020. 3. 18
6쇄 발행 | 2024. 08. 22
등록번호 | 제1988-000080호
등록된 곳 | 서울특별시 용산구 서빙고로65길 38
발행처 | 사단법인 두란노서원
영업부 | 2078-3333   FAX | 080-749-3705
출판부 | 2078-3331

책값은 뒤표지에 있습니다.
ISBN 978-89-531-3715-8 03230

독자의 의견을 기다립니다.
tpress@duranno.com   www.duranno.com

두란노서원은 바울 사도가 3차 전도여행 때 에베소에서 성령 받은 제자들을 따로 세워 하나님의 말씀으로 양육하던 장소입니다. 사도행전 19장 8~20절의 정신에 따라 첫째 목회자를 돕는 사역과 평신도를 훈련시키는 사역, 둘째 세계선교(TIM)와 문서선교(단행본잡지) 사역, 셋째 예수문화 및 경배와 찬양 사역, 그리고 가정·상담 사역 등을 감당하고 있습니다. 1980년 12월 22일에 창립된 두란노서원은 주님 오실 때까지 이 사역들을 계속할 것입니다.

왜

일대일

제자양육

인가

이기훈 지음

함께
성장하는
제자훈련

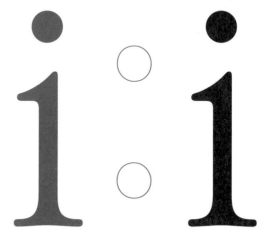

40th 두란노

· · ·

하나님께서는 한 영혼씩 창조하시며 또한 한 영혼씩 구원하신다. 모든 사람이 구원에 이르기를 원하시는 하나님이 한 영혼씩 구원하심은 그것이 하나님의 법칙이기 때문이다. 교회의 영적 사역과 제도는 언제나 한 영혼에 초점을 두어야 한다. 한 사람 한 사람의 모든 요구와 불만까지 해결해 줄 수 있어야 한다는 말이 아니다. 근본적인 사역의 방향과 철학이 한 영혼을 향한 하나님의 관심과 역사를 따라 구성되어야 한다는 의미다.

온누리교회 목회 철학의 중심에는 '일대일 제자양육'이 있다. 모든 새가족은 일대일 양육의 일부 내용을 가르치는 교육을 이수해야 교인으로서 자격을 부여받을 수 있다. 직분자로 쓰임 받으려면 일대일 양육에 남다른 헌신이 있어야 한다. 온누리교회가 이로써 받은 영적 축복은 이루 말할 수 없다.

오랫동안 온누리교회의 사역자로서 일대일 사역에 헌신해 온 이기훈 목사님의 이 귀한 책은 일대일 제자양육의 중요성부터 양육자에게 꼭 필요한 훈련 노하우까지, 제자양육의 A부터 Z까지 담고 있다. 특히 이론뿐 아니라 체험과 훈련에서 다듬어진 사역 방법론까지 제시하고 있어 더 값지다.

이 책을 통해 온누리교회의 일대일 제자양육 사역이 더욱 깊어지기를 기대한다. 또한 일대일 제자양육 도입을 주저하는 교회가 있다면 용기를 가지고 과감하게 도전하는 계기가 되기를 소망한다.

이재훈_온누리교회 담임목사

Contents

추천의 글   4

프롤로그   8

1부 ──── 일대일 제자양육 이해하기

1. 제자양육, 선택인가 필수인가   12

2. 일대일 제자양육이란 무엇인가   20

3. 일대일 제자양육은 왜 하는가   30

4. 제자는 어떤 사람인가   39

5. 함께 성장하는 양육자와 동반자   50

2부 ──── 일대일 제자양육의 내용

6. 만남: 예수 그리스도   63

7. 교제: 큐티의 이론과 실제   87

8. 성장: 신앙의 틀을 만드는 10가지 주제   93

3부 ──── 일대일 제자양육의 실제

9. 동반자 양육 과정   192

10. 양육자 훈련 과정   203

부록   227

일상생활 속에서 드러나는 제자도

"교인으로 살 것인가, 아니면 제자로 살 것인가?"

"선교 단체는 학생들을 예수님의 제자로 살도록 훈련을 하는데 왜 교회는 성도들을 제자로 살도록 훈련하지 않는가?"

일대일 제자양육은 이 두 질문에 대한 답으로 시작되었다. 다시 말하면 예수님은 우리를 교인으로만 부르지 않고 제자로 부르셨으며 모든 족속을 제자로 삼으라는 사명을 주셨는데 이를 감당하기 위해 제자양육이 필요하다.

사도행전의 기록을 보면 예루살렘 교회에서 교인이 된다는 것은 곧 제자가 되는 것이었다. 초대교회가 온갖 핍박 속에서도 살아남을 뿐만 아니라 오히려 성장할 수 있었던 것은 교인들이 예수님의 제자로 훈련받았기 때문이다. 그리고 그 성장의 이면에는 일상생활 속에서 드러난 그들의 제자도 때문이었다. 제자들의 영성은 교회에서 가정으로, 가정에서 사회로 흘러갔다. 복음에 대한 확신을 가지고 상황과 환경에 얽매이지 않으면서 기뻐하고 감사하며 찬송하면서 살아가는 성도들의 모습이 불신자들에게 도전을 주었을 것이다.

오늘날 우리 사회에는 이와 같은 제자가 필요하다. 어느 곳에서나 복음의 증인으로서 사는 제자 그리고 선한 영향력을 발휘하는 제자가 필요하다. 즉 세상을 변화시킬 예수님의 제자가 필요하다. 그것만이 미래 한국교회가 살 길이다.

이 책은 제자훈련에 관심이 많은 성도와 제자훈련을 시도하려는 많은 교회의 지도자들에게 길라잡이가 될 것을 기대하며 출간하게 되었다. 일대일 제자훈련을 지도해 주신 고(故) 하용조 목사님과 일대일 영성을 이어 주신 이재훈 목사님 그리고 일대일 양육 사역에 아끼지 않고 헌신해 주시는 팀원들께 감사를 드린다.

2020년 3월

서빙고에서 이기훈

1부

일대일 제자양육 이해하기

1장

제자양육,
선택인가 필수인가

왜 제자양육인가?

제자양육은 왜 해야만 하는가? 이것은 많은 목회자와 선교사 그리고 성도들이 종종 던지는 질문이다. '예수 믿고 예배는 물론 교회 활동과 봉사에 참여하면 됐지 왜 군이 제자훈련을 해야만 하는가?'라고 의문을 제기하는 사람이 많다. 그러나 기억해야 할 것은 예수님은 우리를 단순히 교인으로만 부르지 않고 제자로 부르셨다는 사실이다. 그러므로 목회자는 물론 성도들은 '교인으로 살 것인가, 아니면 예수님의 제자로 살 것인가'라는 이 질문에 대해 분명한 답을 낼 수 있어야 한다. 단언하건대, 모든 교회는 어떤 형식으로든 다음과 같은 몇 가지 이유로 제자양육을 해야만 한다.

첫째, 제자양육은 예수님의 중심 사역이었기 때문이다(마 10:1). 예수님은 대중을 향한 설교와 병 고침, 축사 등 다양한 사역을 하셨지만 중심 사역은 제자훈련이었다. 예수님은 70인의 제자를 대상으로 훈련하셨고 때로 일대일로 훈련하셨지만 대개 12명의 제자들을 훈련하는 데 집중하셨다. 사복음서에 '제자'라는 단어가 234회 기록된 것을 보면 제자훈련이 예수님의 일상이었다는 것을 알 수 있다.

둘째, 제자양육은 예수님이 제자들에게 주신 사명이기 때문이다(마 28:18-20). 예수님은 당신이 행하신 사역을 제자들이 온 세상에 나가 행하기를 원하셨다. 그들에 의해 하나님의 나라가 온전히 세워지길 기대하셨던 것이다. 그래서 진리의 말씀을 가르치고 귀신을 쫓으며 예수님의 이름으로 능력을 행하는 훈련을 시키셨다. 그리고 모든 족속을 제자로 삼으라는 사명도 주셨다. 그 결과는 예수님이 십자가에서 죽으시고 부활하실 때까지는 몰랐지만 그들이 성령을 체험하고 나서부터 놀랍게 나타나기 시작했다.

셋째, 제자양육은 사도들의 중심 사역이었기 때문이다. 성령에 의해 예루살렘 교회를 개척한 사도들은 예수님의 명령에 충실했다. 그들은 예수님께 훈련받은 대로 제자 삼는 일을 교회 사역의 중심에 두고 목회를 했다(행 2:42). 예루살렘 교회는 양육 공동체였다. 예수를 믿고 예루살렘 교회의 교인이 된다는 것은 곧 예수님의 제자가 된다는 것을 의미했다. 그 결과 교인들은 핍박 속에서도 신앙을 지켰고 복음을 증거할 수 있었다.

그런데 여기서 주목할 것은 사도들이 성도를 자신의 제자로 삼은 것이 아니라 예수님의 제자가 되도록 훈련했다는 것이다. 그리고 교회의 성장을 두고 "교인 수가 늘었다"(행 2:41, 47)라고도 했지만 "제자의 수가 점점 많이 늘었다"(행 6:1-2, 7)라고 표현했다는 것이다. 오늘날 교회가 제자양육을 해야만 하는 세 번째 이유가 바로 이것이다. 예수님의 중심 사역이 제자훈련이었듯이 사도들의 중심 사역도 제자훈련이었기 때문이다.

넷째, 제자양육은 사도 바울의 중심 사역이었기 때문이다. 바울의 제자 사역을 가장 잘 보여 주는 것이 안디옥 교회였다(행 11:19-26). 스데반의 순교 때문에 흩어진 사람들 중에서 키프로스와 구레네 출신 몇 사람이 안디옥에 와서 그리스 사람들에게 복음을 전했는데 놀랍게도 믿는 사람이 많아졌다. 이 소식을 들은 예루살렘 교회는 바나바를 파송하여 그들을 훈련케 했다. 한편, 바나바는 다소에 머물던 바울을 초대하여 동역을 했고, 1년간 제자양육을 한 결과, 제자들이 불신자들로부터 '그리스도인'이라는 호칭을 얻게 되었다. 두 사람은 1차 선교 여행 중에도 제자양육에 매진했다(행 14:21-23).

바울은 가는 곳마다 먼저 회당을 찾아가 복음을 전했다. 그렇게 복음을 받아들여 변화된 사람들을 예수님의 제자로 훈련시켰다. 그리고 놀랍게도 제자가 된 사람들에 의해 교회가 개척되었다. 바울은 교회를 먼저 세우고 제자훈련을 한 것이 아니라 사람들을 제자로 훈련시킨 뒤 그들로 하여금 교회가 세워지도록 한 것이다. 바울 사역에 등장하는 대부분의 인물들이 그러했다. 성령께서 사도들을 통해 놀라운 일을 하셨듯이, 바울이 훈련시킨 제자들과 그들에 의해 세워진 교회를 통해서도 복음이 땅끝까지 증거되도록 하셨다.

예수님의 제자 사역이 사도들에 의해 고스란히 이어졌듯이 이제 교회가 그것을 이어받아야 한다. 제자양육은 모든 교회와 목회자 그리고 성도들에게 주신 예수님의 명령이면서 동시에 특권이자 책임이다.

제자는 훈련을 통해 만들어진다

짐 푸트먼(Jim Putman)은 《영적 성장 단계별 제자양육》에서 제자양육의 필요성을 다음과 같은 세 가지로 설명하였다.

첫째, 제자양육은 감독이 가능성 있는 선수를 발굴하여 유능한 선수가 되도록 훈련하는 것과 같다(《영적 성장 단계별 제자양육》, p. 21). 명장은 완성된 선수만 기용하지 않고 지금 당장 부족해도 재목이 될 만한 선수를 찾아내 훈련시켜 유능한 선수로 만든다. 2002년 한일월드컵 당시 한국의 축구팀 감독이던 거스 히딩크는 그런 면에서 명장이다.

목회자는 하나님이 세우신 영적 감독이다. 성도는 세상에서 어둠의 권세와 싸워야 할 선수들이다. 목회자가 제자훈련을 통해 성도를 유능한 선수로 만들지 못한다면 그들은 무능하여 싸움에서 늘 패배하게 될 것이고 종국엔 그들을 세상에 빼앗기고 말 것이다. 지금도 얼마나 많은 그리스도인이 세파에 휩쓸려 살아가는가? 그러므로 감독인 목회자는 선수인 성도들이 어느 곳에서나 참된 예배자로 살 수 있도록 훈련할 책임이 있다.

제자는 훈련을 통해서 태어난다. 그리고 세상은 그들에 의해 변화된다. 성경이 이 사실을 증명하고 있다. 세상에서 영향력 있는 그리스도인으로 사는 일은 훈련을 통하지 않으면 불가능하다.

둘째, 제자양육은 원석을 다듬어 보석으로 만드는 것과 같다(같은 책, p. 22). 값비싼 다이아몬드도 원석 자체로는 가치를 인정받지 못한다. 여러 단계의 연마 과정을 거쳐야 비로소 보석으로 탄생하게 된다. 교회 안에는 다이아몬드 원석이 가득하다. 예수를 믿고 구원을 얻어 새로운 피조물이 된 성도들이 바로 원석이다. 성도는 훈련을 받아야 복음의 보석이 될 수 있다. 예수님이 3년 동안 제자훈련에 목숨을 거셨던 것은 제자들을 보석으로 만들기 위함이었다. 그 결과 그들에 의해서 사회가 변하고 나라가 변하더니 세상이 변화되었다.

교회마다 예배는 물론 봉사와 선교, 성경공부 등 다양한 활동과 프로그램을 운영한다. 그러한 활동과 프로그램이 교회 생활에 꼭 필요한 것들이지만 성도를 제자로 만들지는 못한다. 성도를 그리스도인으로 살게 하는 것과 제자로 살게 하는 것은 다르다. 예수님은 우리가 그리스도인으로만 살지 않고 당신의 제자로 살길 원하신다. 이것이 목회자가 성도를 제자로 훈련해야 하는 이유다.

셋째, 제자양육은 예수님이 완수하신 사역 중 하나다. 예수님이 십자가에 달려 말씀하신 "다 이루었다"(요 19:30)의 의미에는 제자 사역이 포함되어 있다(같은 책, p. 25). 예수님은 십자가에서 죽고 부활하심으로 하나님 아버지로부터 받은 사명을 완수하셨다. 다시 말해 죄인인 인간이 구원받을 수 있는 길을 열어 주신 것이다. 예수님은 보냄 받은 자로서 임무를 성실하게 수행하셨다.

그러나 그분의 사명은 이것만이 아니었다. 당신이 이루어 놓은 구원을 온 세상에 증거해야 할 사명자를 세우는 것도 그분의 사명이었다. 그래서 주님은 구원과 그 구원을 증거할 제자들을 준비시켰다는 의미에서

왜 일대일 제자양육인가

"다 이루었다"라고 말씀하셨다. 만약 예수님이 제자를 양육하지 않으셨다면 복음은 예루살렘을 벗어나지 못했을 것이다.

제자양육은 예수님의 유언 명령이다

제자훈련은 선교 사역의 중심이 되어야 한다. 예수님이 유언으로 남기신 사명은 두 가지로 요약된다. **첫 번째 명령은 사도행전 1장 8절의 말씀이다.**

오직 성령이 너희에게 임하시면 너희가 권능을 받고 예루살렘과 온 유대와 사마리아와 땅끝까지 이르러 내 증인이 되리라 하시니라

이 말씀이 마가복음에서는 "너희는 온 천하에 다니며 만민에게 복음을 전파하라"(막 16:15)고 기록되었고, 누가복음에서는 예수님의 십자가와 부활의 증인이 되라고 강조했다(눅 24:48).

그동안 한국교회는 이와 같은 예수님의 명령에 순종하여 선교에 헌신했다. 목회자들은 선교를 목회의 목표로 두고 수고를 아끼지 않았다. 그 결과 세계에서 기독교 역사가 가장 짧으면서도 일찍이 선교사 파송국 톱 5에 올랐다. 참으로 놀라운 일이 아닐 수 없다. 앞으로도 한국교회는 규모와 상관없이 선교적인 교회로 성숙해 갈 것을 기대한다.

그러나 한 가지 간과한 것이 있었는데, **바로 마태복음 28장 18-20절에 나오는 예수님의 두 번째 명령이다.**

예수께서 나아와 말씀하여 이르시되 하늘과 땅의 모든 권세를 내게 주셨으니 그러므로 너희는 가서 모든 민족을 제자로 삼아 아버지와 아들과 성령의 이름으로 세례를 베풀고 내가 너희에게 분부한 모든 것을 가르쳐 지키게 하라 볼지어다 내가 세상 끝날까지 너희와 항상 함께 있으리라 하시니라

그동안 교회는 이 말씀을 사도행전이나 마가복음, 누가복음에 기록된 예수님의 명령과 구분하지 않고 같은 말씀으로 인식했다. 다시 말해 선교 명령으로만 이해한 것이다. 그 결과 선교 현장에서 다양한 사역을 진행했지만 정작 가장 중요한 제자양육은 소홀히 하거나 아예 일어나지 않았다. 캠퍼스 사역을 하는 선교단체에서 파송한 일부 선교사들을 제외하면 제자훈련을 사역의 중심으로 삼는 선교사는 많지 않은 것이 현실이다.

그러나 분명히 알아야 할 것은 예수님의 명령이 선교적 명령인 것은 맞지만 선교 사역의 중심은 제자훈련이어야 한다는 것이다. 이와 같은 내용을 뒷받침해 주는 것이 복음주의 선교 단체인 로잔회의의 《케이프타운 서약》(Ivp, 2014)이다. 이 서약문의 결론을 보면(p.129) 제자도와 제자 삼기에 실패하는 것은 선교의 가장 기초적인 차원에서 실패하는 것이라고 설명하고 있다. 엄밀히 말하면 제자 사역이 없는 선교는 선교가 아니라는 것이다.

이 주장을 교회 상황에 적용해 본다면 제자양육이 없는 목회는 목회가 아니라고 해도 과언이 아니다. 물론 이의를 제기하는 목회자가 많겠지만 마태복음에 기록된 예수님의 명령을 제자양육으로 이해하지 않고 단순히 선교적 명령으로만 이해하는 것은 문제가 있다고 생각한다. 예

왜 일대일 제자양육인가

수님의 바람은 교회든 선교지든 제자양육이 이루어지는 것이다. 따라서 모든 교회는 성도를 예수님의 제자로 훈련해야 하고, 모든 선교사는 현지인을 예수님의 제자로 훈련해야 한다.

모든 교회와 목회자, 선교사는 "나를 따라오라"(마 4:19)와 "가서 제자 삼으라"(마 28:19)가 예수님이 위임하신 내용의 전부라는 사실을 명심해야 한다. 그러므로 제자훈련이 목회와 선교의 중심 사역이 되는 것은 당연한 일이요, 한 걸음 더 나아가서 제자가 또 다른 제자를 낳도록 훈련해야 한다.

교회는 성도들이 세상에서 단순히 교인으로만 살도록 내버려 두어서는 안 된다. 예수님의 제자로 살도록 훈련해야만 한다. 이것이 교회를 향한 예수님의 기대일 것이다. 어느 목회자가 교인들의 신앙 성숙을 위하여 십수 년을 뛰어다녔지만 늘 절망만 해야 했는데 제자양육을 시작한 이래 본인은 물론 성도들과 교회가 성숙해졌다는 간증이 새삼 기억이 난다.

2장

일대일 제자양육이란 무엇인가

사도행전적 교회를 추구하는 온누리교회는 창립 때부터 '큐티'와 '일대일 제자양육' 그리고 '순모임'을 영성의 핵심으로 삼았다. 그리고 이 영성을 바탕으로 살아 있는 예배와 선교를 목회의 중심 내용으로 삼게 되었다. 예배는 창조주 하나님께 영광을 돌리는 최고의 방법으로서 피조물인 인간이 참된 예배자가 되는 것은 의무이며 동시에 축복이다. 그래서 아무리 강조해도 지나치지 않다. 그러나 예배만으로는 예수님의 제자를 길러 낼 수 없다. 제자는 훈련을 통해서 만들어지기 때문이다. 그래서 교회 창립 때부터 일대일 제자양육을 통해 성도들이 예수님의 제자가 되도록 훈련해 왔다.

일대일 제자양육의 의미

일대일 제자양육의 의미를 설명하면 다음과 같다.

"일대일 제자양육이란 양육자와 동반자가 일대일로 만나서 교재를 중심
으로 말씀을 공부하고 삶을 나누면서 함께 그리스도가 다스리시는 삶을
배우는 훈련 과정이다."

위의 정의는 제자양육의 모든 것, 즉 양육하는 방법과 내용 그리고 결
과까지도 담고 있다. 먼저 용어를 이해할 필요가 있다. 가르치는 사람을
'양육자'라고 부르고 배우는 사람을 '동반자'라고 부른다. 또한 양육자가
동반자를 양육하는 과정을 '동반자 과정'이라고 부르고, 동반자 과정을 마
치고 양육자가 되기 위해서 훈련하는 과정을 '양육자 과정'이라고 부른다.

일대일로 양육하는 이유

제자양육의 방식은 한 사람의 양육자가 다수의 제자를 훈련하는 방
식과 한 사람의 양육자가 한 사람의 제자만을 훈련하는 방식이 있다. 대
부분의 제자양육 방식은 일대 다수의 형식을 취하고 있다. 그러나 온누
리교회는 일대일 방식을 취하였다.

일대일로 양육하는 이유는 **첫째, 성경이 제시해 주고 있기 때문이다.**
구약성경에 등장하는 믿음의 사람들 즉 아브라함, 야곱, 모세, 여호수아

등은 모두 하나님과 일대일로 만났다. 신약성경에도 예수님은 안드레, 니고데모, 우물가의 여인, 혈루증 앓는 여인 등을 일대일로 만나 치유와 대화로 양육하셨다. 사도 바울도 디모데, 오네시모, 아굴라, 브리스길라 등을 일대일로 제자 삼고 동역했다.

둘째, 일대일 방식은 훈련의 성과가 크기 때문이다. 얼굴과 얼굴을 맞대고 양육을 하면 전달과 집중이 잘된다. 동반자가 양육자의 말을 잘 듣고 있는지 혹은 양육자가 설명하는 내용을 잘 이해하고 있는지 눈치챌 수 있다. 또 동반자가 궁금한 것들을 자유롭게 물어보고 답함으로써 내용을 분명하게 소화할 수 있다. 이것은 소그룹 형식에서는 기대하기 어려운 일이다.

셋째, 양육자와 동반자 사이에 인격적인 교제가 가능하기 때문이다. 제자양육에 있어서 양육자와 동반자 사이의 인격적 관계 형성은 매우 중요하다. 단순한 성경공부를 통해서는 인격적 관계 형성이 불가능하다. 서로가 마음을 열고 삶을 나누는 과정에서 인격적 관계가 형성될 때 참 제자로 훈련될 수 있다.

넷째, 재생산이 가능하기 때문이다. 동반자 과정을 마친 사람이 양육자 과정에서 훈련을 받아 양육자가 되고 그 양육자가 또 다른 동반자를 양육하므로 재생산이 이루어진다. 이 또한 소그룹 형식의 제자양육 방식에서는 기대할 수 없는 열매다. 이것이 일대일 제자양육이 여타 제자양육과 차별화되는 강점이다. 사도 바울은 재생산에 대하여 다음과 같이 강조했다.

또 네가 많은 증인 앞에서 내게 들은 바를 충성된 사람들에게 부탁하라 그들이 그러나 일대일 양육 방식에는 일면 위험성이 있다. 두 사람이 정기적으로 만나서 말씀을 공부하고 삶을 나누며 기도하는 시간이 반복되면서 자연스럽게 친밀감이 형성된다. 그런데 이 친밀감이 오히려 다음과 같은 위험을 초래할 수 있다.

첫째, 동반자가 양육자에게 종속될 수 있다. 영적 분별력이 부족한 초신자일 경우 양육자의 영향을 스펀지처럼 받아들여서 양육자를 지나치게 의존하거나 양육자에게 종속될 수 있다.

둘째, 이성 간에 양육이 진행될 때 부작용이 생길 수 있다. 그래서 이성 간의 양육은 절대로 금하고 있다. 오로지 동성끼리만 양육을 하고 있다.

셋째, 양육자가 동반자를 예수님의 제자로 만들지 않고 자신의 제자로 만들 수 있다. 교회 안에서 동반자를 자기 사람으로 만들려는 양육자 때문에 시험에 드는 경우가 종종 있다.

넷째, 병든 양육자가 병든 동반자를 낳을 수 있다. 양육자가 온전히 훈련되지 못했을 경우 양육이 부실해질 것이고 그 결과는 뻔할 수밖에 없다. 이러한 부작용을 방지하기 위하여 보고와 점검을 통해 모니터링하고 있을 뿐만 아니라 동반자의 요구나 제안에 늘 창구를 열어 놓고 귀 기울여 듣고 있다.

성경을 근거로 양육하는 일대일 제자양육

일대일 제자양육은 교재를 중심으로 이루어진다. 《일대일 제자양육 성경공부》와 《일대일 제자양육 양육자 지침서》가 그것이다. 두 교재는 그 내용만으로도 동반자를 예수님의 제자로 훈련하기에 충분하다. 그만큼 교재가 잘 구성되어 있다. 설령 부족한 부분이 있다고 해도 양육자 훈련 과정에서 보충을 해주기 때문에 문제가 되지 않는다. 양육 과정에서 교재 외의 내용이나 성경 말씀이 아닌 내용을 다루는 것을 엄격히 금지하고 있다. 왜냐하면 그 내용이 일명 '내가복음'이 되거나 양육자의 주관적 신앙관을 주입할 위험성이 크기 때문이다. 또는 양육자가 지식이 너무 많거나 혹은 동반자를 사랑해서 너무 많은 내용을 다루다 보면 동반자가 소화불량에 걸리기 쉽기 때문이다. 양육은 주어진 교재 내용 안에서만 해도 충분하다.

한편, 이 과정이 성경에 근거하여 이루어지므로 주어진 성구를 암송하고 각 과의 각 문제에 제시된 성경 구절을 찾아서 교재의 빈 공간에 써오는 것이 숙제로 주어진다. 대부분의 동반자들이 이 숙제를 힘들어한다. 그러나 이 과정은 단순한 성경공부가 아니라 성경에 근거한 제자훈련이기 때문에 반드시 필요하다. 훈련은 훈련다워야 열매가 있는 법이다. 훈련이 훈련답지 못하면 예수님의 제자로 태어날 수가 없다. 그리고 드물게 교재를 무시하고 양육하려는 양육자 때문에 곤란을 겪는 동반자들이 있다. 이런 경우 상황을 파악한 뒤 양육하지 못하도록 엄격하게 조치해야 한다.

말씀 공부와 나눔이 강조되는 일대일 제자양육

일대일 제자양육의 또 하나의 장점은 양육자와 동반자가 서로 삶을 나눔으로써 인격적인 교제를 갖는다는 것이다. 양육은 양육자가 동반자를 일방적으로 가르치는 것이 아니다. 만약 그렇게 한다면 그것은 제자양육이 아니라 성경공부다.

일대일 제자양육을 도입하여 실패한 교회들의 공통점은 이 과정이 제자양육이 아니라 성경공부가 되었기 때문이라는 것이다. 물론 일대일 교재를 가지고 성경공부를 할 수도 있다. 하지만 그 경우 삶의 변화는 기대할 수 없다. 삶의 변화는 말씀과 그 말씀이 적용되는 삶의 경험들이 나누어질 때 일어난다. 선생님처럼 잘 가르치면 깨닫는 것은 많겠지만 삶은 변하지 않는다. 이것은 일대일의 희한한 묘미다. 성경을 많이 아는 것과 삶이 변하는 것은 별개의 문제다.

양육자와 동반자는 각 과에서 주어진 문제를 풀어 가면서 그리스도인으로서 실패했던 이야기 혹은 믿음으로 승리했던 경험들을 나누게 된다. 공부를 무시하고 나눔을 중시한다거나 혹은 나눔을 무시하고 공부를 중시하는 것을 권장하지 않는다. 공부 60%와 나눔 40%가 이상적인 양육 방법이다. 동반자는 양육자의 경험을 참고하여 자신이 직면한 문제들의 해법을 찾기도 하고, 삶의 다양한 문제들을 양육자와 함께 고민하면서 성경적인 답을 찾아가기도 한다. 이런 과정에서 양육자와 동반자는 서로 친밀해지는 동시에 성장하게 된다.

서로 성장하는 일대일 제자양육

대부분의 제자양육은 훈련을 받는 사람의 변화와 성장에 관심을 둔다. 양육자의 변화와 성장에는 관심이 없다. 일대 다수의 형식에서는 동반자의 변화도 기대하기 힘들다.

일대일 제자양육은 동반자의 영적 성장만 추구하는 것이 아니라 양육자의 성장에도 관심을 가진다. 신앙에는 왕도가 없다. 예수님을 닮을 때까지 지속적으로 성장해야만 한다. 양육자는 동반자를 마음에 품고 양육이 끝날 때까지 수고를 해야만 한다. 그런데 수많은 양육자가 공통적으로 고백하는 것이 있다. 양육하면서 자신이 성장한다는 것이다. 고사성어에 교학상장(敎學相長)이라는 말이 있다. 가르치고 배우면서 서로 성장한다는 뜻이다. 일대일 양육이 바로 그렇다. 양육자는 내용을 충분히 소화해야만 가르칠 수 있게 되는데 이런 과정이 반복되면서 자기 성장을 이루게 된다. 따라서 양육자는 반복하여 말씀을 가르칠수록 복음을 더 분명하게 이해하게 되고 동반자를 섬길수록 자신의 성품이 성숙해지게 된다.

이렇게 양육자와 동반자가 동반 성장하는 것은 일대일 제자양육의 고유한 장점이라고 할 수 있다. 서로 말씀을 공부하고 삶을 나누는 일대일 제자양육은 가르치면서 성장하고, 배우면서 성장하는 제자훈련이다.

그리스도가 다스리시는 삶을 배우는 일대일 제자양육

일대일 제자양육이 궁극적으로 추구하는 것은 양육자와 동반자 모두 그리스도가 다스리시는 삶을 배우는 것이다. 이것은 일대일 제자양육을 처음 시작할 때 양육자가 동반자에게 그려서 설명해 주는 키(key) 그림에 잘 표현되어 있다.

키 그림의 중심축에는 그리스도가 자리하고 있다. 이것은 예수 그리스도께서 신앙과 삶의 중심이 되신다는 것을 의미한다. 그리고 키 그림 가장자리에는 그리스도가 다스리는 삶이 기록되어 있다. 이것은 예수 그리스도가 신앙과 삶의 중심이 될 때 나타나는 결과다. 그리스도가 다스리는 삶이란 그분의 뜻을 알고 매사에 그분의 뜻에 순종할 때 가능하다. 즉 말씀대로의 순종이 그리스도가 나를 다스리게 하시는 방법이다. 성도가 삶의 현장 즉 가정과 일터에서 하나님 말씀대로 살게 되면 그리스도의 통치가 이루어진다. 그 결과 하나님의 나라가 확장될 뿐 아니라 그 영성이 사회로 흘러 들어가 세상을 변화시키는 선한 영향을 끼치게 된다.

예수님의 제자들이 그랬듯이 그리고 그들에 의해 세워진 예루살렘 교회의 성도들이 그랬듯이, 제자로 훈련받은 사람의 신앙과 삶에서 주인은 오직 예수 그리스도이시다. 모든 것이 철저하게 예수님을 중심으로 돌아가는 것이다. 개인 생활, 자녀 양육, 교회 생활, 직장 생활 등 삶의 모든 영역에서 예수님의 주권을 따라 살아가게 된다. 이것이 진정한 예수님의 제자가 사는 모습이다.

묵상이 일상이 되도록 훈련하는 일대일 제자양육

일대일 제자양육을 받은 성도들 즉 예수님의 제자로 사는 성도들은 새로운 삶의 습관을 체득하게 되는데, 그것은 주님과 말씀으로 교제하는 큐티가 일상이 된다는 것이다. 일대일 제자양육과 큐티는 동전의 양면처럼 떼려야 뗄 수 없는 관계를 가지고 있다.

성도는 교회에 등록하면서 큐티에 관한 오리엔테이션을 받게 된다. 그리고 일대일 동반자 과정에서 큐티를 공부하게 된다. 이때는 양육자의 경험이 포함된 내용으로 훈련을 받게 된다. 이후 양육자 과정에서는 보다 깊이 있는 묵상과 적용을 할 수 있도록 실습을 중심으로 공부하게 된다.

한편, 동반자 과정이나 양육자 과정에서는 큐티 나눔이 지속적으로 이루어진다. 그 결과 매일 말씀을 통해서 하나님의 음성을 듣고 그 음성을 따라 순종함으로써 개인의 인격과 성품의 변화를 경험할 뿐 아니라 하나님의 뜻을 이루면서 생활하게 된다. 동반자 과정을 수료한 어느 목회자가 큐티가 일상이 된 것이 자신의 삶에서 가장 큰 변화였다고 고백하는 간증을 들은 적이 있다. 이와 같이 일대일 제자양육의 큰 장점은 수료 후 삶의 방법과 방향을 제시해 준다는 것이다.

성령의 역할이 강조되는 일대일 제자양육

그러나 일대일 제자양육에서 가장 중요한 것은 성령의 역할이다. 일대일 양육은 사람인 양육자에 의해서 진행되는 훈련이 아니라 성령에 의해서 진행되는 과정이다. 물을 주는 것은 양육자이지만 동반자를 성장하게 하는 것은 성령이시다(고전 3:7). 동반자가 구원을 얻는 것(고전 12:3)과 진리를 깨닫는 것(요 14:26) 그래서 삶이 변화되는 것 등은 다 성령께서 하시는 일이다. 그렇기 때문에 철저하게 성령의 도우심과 인도하심을 의지해야 한다. 말씀으로 사람이 변화되고 신앙이 성숙해지는 것은 성령께서 하시는 일임을 명심해야 한다. 초대 예루살렘 교회의 제자 사역이 철저하게 성령의 주관 아래 진행되었듯이, 일대일 제자양육 과정 전체가 성령의 주관하심 가운데 진행될 수 있도록 지속적으로 간구하면서 양육해야 한다.

3장
일대일 제자양육은
왜 하는가

오랫동안 일대일 제자양육 사역을 감당하면서 얻은 한 가지 결론은 '일대일하면 행복하다'는 것이다. 왜냐하면 일대일 제자양육이 주는 축복이 너무 많기 때문이다. 예수님의 제자로 살도록 훈련하는 일대일 제자양육은 다음과 같은 몇 가지 목적을 가지고 진행되고 있다.

구원은 물론 구원의 확신을 갖기 위해

너희는 그 은혜에 의하여 믿음으로 구원을 받았으니 이것은 너희에게서 난 것이 아니요 하나님의 선물이라 엡 2:8

그러나 너는 배우고 확신한 일에 거하라 너는 네가 누구에게서 배운 것을 알

며 **딤후 3:14**

일대일 제자양육을 하는 첫 번째 목적은 신앙의 가장 기본인 구원과 구원의 확신을 갖게 하는 데 있다. 왜냐하면 신앙의 핵심인 구원과 구원의 확신이 흔들리면 신앙은 무너지기 때문이다. 외국에도 이단들이 있지만 한국처럼 유독 구원파 이단이 활동하는 나라도 드물다. 그런데 이보다 더 놀라운 것은 그들이 전도 대상으로 삼는 사람이 불신자들보다 교회 다니는 기성 교인들이라는 것이다. 구원파였다가 빠져나온 사람들의 증언도 이를 뒷받침한다. 이는 매우 심각하게 받아들여야 할 일이다.

교회 다니던 사람들이 왜 구원파에 빠지는가? 아마도 구원에 대한 바른 이해와 구원의 확신이 없기 때문일 것이다. 필자가 경험한 일이 그것을 반증한다.

어느 교인 가정의 아버지가 돌아가셨다. 상주인 아들은 장례를 치르는 3일 동안 드려진 예배를 통해 불신자인 아버지가 구원받게 될 줄로 믿는다고 말했다. 고인의 며느리이자 상주의 아내도 입관하는 동안 내내 시아버지의 구원을 위하여 기도했는데, 하나님이 자신의 기도를 듣고 시아버지를 구원하실 줄로 믿는다고 말했다. 나는 이러한 교인이 많을 것이라는 생각에 위기의식을 느낄 수밖에 없었다.

이것을 위하여 전체 16주 과정 중에서 1/3에 해당하는 다섯 과가 구원과 관련된 내용으로 편집되어 있다. 일대일 제자양육에서 예수님을 믿음으로 죄 사함을 받고 구원을 얻게 되는 과정을 배우게 된다. 그리고 구원은 자신의 선택과 결정에 의해서 얻어지는 것이 아니라 하나님의

은혜와 사랑의 결과로 얻는다는 사실을 배우게 된다. 뿐만 아니라 구원의 확신을 가질 수 있도록 훈련한다.

교회 안에는 구원받지 못한 상태에서 교회를 다니는 사람이 많다. 또한 구원은 얻었지만 구원의 확신 없이 신앙생활하는 사람도 많다. 어느 교회 장로님이 동반자 과정을 마치고 용기 있게 자신의 부끄러움을 고백했다. 평생 교회를 다녔고 장로가 되어 이제 곧 은퇴할 나이가 되었지만, 그동안 구원의 확신이 없었다는 것이었다. 죽어서 천국 갈 것이란 확신이 없었다고도 했다. 그의 신앙은 마치 끝이 보이지 않는 터널을 통과하는 것과 같았다. 그런 그가 동반자 과정을 마치면서 구원의 확신을 갖게 되었다. 매일 천국을 사모하는 삶을 사니 감사하다면서 매우 의미심장한 한마디를 남겼다.

"이 좋은 훈련을 우리 교회는 왜 이제야 시작하는지 아쉬움이 큽니다."

바른 신앙의 틀을 만들기 위해

우리가 그를 전파하여 각 사람을 권하고 모든 지혜로 각 사람을 가르침은 각 사람을 그리스도 안에서 완전한 자로 세우려 함이니 **골 1:28**

우리가 다 하나님의 아들을 믿는 것과 아는 일에 하나가 되어 온전한 사람을 이루어 그리스도의 장성한 분량이 충만한 데까지 이르리니 이는 우리가 이제부터 어린 아이가 되지 아니하여 사람의 속임수와 간사한 유혹에 빠져 온갖 교

일대일 제자양육을 하는 두 번째 목적은 신앙의 틀을 형성하는 것이다. 신앙생활은 예배에 참석하고 봉사에 참여하는 것이 전부가 아니다. 신앙은 성장해야 하고 그를 위해 훈련받아야 한다. 영적 성장은 기초가 잘 세워져야 가능하므로 체계적으로 신앙 훈련 받는 것이 중요하다. 신앙의 체계가 바로 서지 못하면 건강한 그리스도인으로 성장하기 어렵다. 그리고 신앙생활도 규모 없이 하기 쉽다. 제자훈련을 받고자 하는 많은 교인들이 바로 체계적인 신앙 훈련을 첫 번째 목적으로 꼽은 것은 이를 뒷받침한다.

30년 전 필자는 성경공부에 관심이 많아서 한국에서 출판된 모든 성경공부 교재를 수집하여 공부한 적이 있다. 그때 일대일 제자양육 교재를 구입하여 다른 교재처럼 스스로 성경을 찾아가면서 공부를 했다. 공부를 마친 후 놀랍게도 내 안에 신앙의 틀이 형성되는 것을 경험했다. 일대일 양육 과정에는 기독교 기본 교리인 성자 예수님, 성부 하나님, 성령 하나님 그리고 성경과 기도, 교제와 전도, 성령 충만과 시험, 순종과 사역 등 신앙에 있어서 중요한 내용을 다 담고 있다. 이후 일대일 양육 과정이 성도들의 신앙의 틀을 형성시켜 주는 최고의 교재라는 결론을 얻었다. 이는 동반자 과정을 마친 수많은 지체들의 간증을 통해 입증할 수 있었다.

교회에서 아무리 좋은 프로그램을 진행해도 신앙의 틀이 형성되어 있지 않으면 그냥 프로그램으로 끝나는 것을 많이 보았다. 하지만 신앙의 틀이 형성된 성도들에겐 그 프로그램들이 영적으로 성장하는 살이 되었다.

필자가 양육했던 어떤 형제는 "그동안 교회 생활을 엉터리로 했습니다. 이제야 신앙생활을 어떻게 해야 하는지 알겠습니다"라고 했고, 또 다른 형제는 "신앙이 무엇인지 분명히 알게 되어 너무 기쁩니다"라고 고백했다. 그들의 경험이 나의 경험과 다르지 않았던 것이다.

아무리 수십 년 교회를 다녀도 체계적으로 훈련받지 않으면 영적으로 성장하지 못하고 늘 어린아이 수준의 그리스도인으로 살게 된다. 이런 부류의 교인들을 많이 봤다. 일대일 양육은 하나님의 뜻을 분별할 뿐 아니라 단단한 식물을 먹고도 소화시킬 줄 아는 그리스도인으로 성장하도록 영적인 뼈대를 세워 주는 훈련이다.

성숙한 교인이 되기 위해

내가 증언하노니 그들이 하나님께 열심이 있으나 올바른 지식을 따른 것이 아니니라 하나님의 의를 모르고 자기 의를 세우려고 힘써 하나님의 의에 복종하지 아니하였느니라 **롬 10:2-3**

그가 어떤 사람은 사도로, 어떤 사람은 선지자로, 어떤 사람은 복음 전하는 자로, 어떤 사람은 목사와 교사로 삼으셨으니 이는 성도를 온전하게 하여 봉사의 일을 하게 하며 그리스도의 몸을 세우려 하심이라 **엡 4:11-12**

일대일 제자양육의 세 번째 목적은 교회에서 성숙한 교인으로 생활하도록 훈련하는 것이다. 신앙이 좋다고 해서 교회 생활을 잘하는 것은 아니다. 교회 안에서 쉽게 실족하는 교인이나 문제를 일으키는 교인의 공통점은 교회 생활을 잘할 수 있도록 훈련받지 못했다는 것이다.

예배만 드리는 교인은 교회를 어렵게 하지 않는다. 대개 지나칠 정도로 열정을 가지고 교회 일을 섬기는 교인들이 실족하거나 시험에 든다. 이유가 무엇일까?

그들의 열정이나 열심에는 자신의 의가 있기 때문이다. 시작은 주님을 위한 섬김이었으나 끝이 자신을 위한 섬김이 될 때 반드시 시험에 들게 된다. 교회 안에서 좌충우돌하는 교인들은 대부분 겉으로는 하나님의 영광을 말하지만 속으로는 자기 영광을 구하는 사람들이다.

교회의 주인은 오직 예수 그리스도 한 분뿐이다. 따라서 모든 영광은 오직 예수님 한 분만 받아 마땅하다. 사람이 그 영광을 취할 수 없다. 우리는 그리스도의 몸인 교회를 온전케 하기 위해 부름 받은 일꾼일 뿐이다.

그리고 교회는 예수님을 믿고 구원을 얻은 사람들이 모인 신앙 공동체다. 교인은 그 공동체 안에서 다른 사람들과 함께 어우러져야 올바로 성장할 수 있다. 교회는 교인들에게는 신앙생활의 중심이 되는 곳이며 세상 사람들에게는 구원의 방주 역할을 하는 곳이다. 그런 교회에서 서로 상처를 주기도 하고 받기도 하며 심지어 교회를 떠나거나 믿음 생활을 포기하는 사람들이 적지 않다. 이는 훈련의 부재 때문이다. 신앙이 훈련을 통해서 성숙해지듯 교회 생활도 훈련을 받아야 성숙해질 수 있다.

온누리교회의 어느 순은 새신자가 들어오면 새신자를 중심으로 순 모임 요일과 시간을 결정한다고 한다. 그 이유는 새신자가 순에서 정착을 잘해야 교회 생활도 잘 적응할 수 있기 때문이다. 이것이 곧 성숙한 교회 생활의 모범이라고 생각한다. 일대일 제자양육은 교회가 어떤 곳인지 배울 뿐만 아니라 교인의 의무는 물론 성숙하게 교회 생활하는 방법을 훈련하는 과정이다.

건강한 그리스도인으로 살기 위해

이같이 너희 빛이 사람 앞에 비치게 하여 그들로 너희 착한 행실을 보고 하늘에 계신 너희 아버지께 영광을 돌리게 하라 **마 5:16**

너희가 전에는 어둠이더니 이제는 주 안에서 빛이라 빛의 자녀들처럼 행하라 **엡 5:8**

일대일 제자양육의 네 번째 목적은 세상 속에서 건강한 그리스도인으로 살도록 훈련하는 데 있다. 그냥 그리스도인이 아니고 건강한 그리스도인이다. 거기에는 교회 생활은 물론 가정생활과 직장 혹은 사회생활 모두를 포함한다. 신앙생활은 교회 안에서도 잘해야 하지만 교회 밖에서는 더 잘해야 한다. 그리스도인들은 어느 곳에 있든지 어떤 일을 하든지 또 어떤 위치에 있든지 예수님의 제자로서 그리스도인답게 살아야 한다. 그리스도인으로서 마땅히 취해야 할 태도와 가치관을 가지고 살아야 한다. 그래야만 어두운 세상을 비출 수 있다. 만약 세상 풍습과 방법을 따라 살면 빛을 잃은 전구에 불과하다.

일대일 제자양육에서 동반자 과정과 양육자 과정을 거치다 보면 교회 생활을 성경적이면서 지혜롭게 하는 법을 배우게 될 뿐만 아니라 성경적으로 가정생활과 사회생활하는 방법이 무엇인지도 배우게 된다. 특히 반성경적인 문화를 지닌 직장에서 만나게 되는 다양한 유혹과 시험에 대해 그리스도인으로서 처신하는 방법을 배우게 된다. 또한 남편과 아내, 부모와 자녀의 관계가 사랑과 순종으로 온전해진다는 말씀을 배움으로써 성경적 가정의 원리를 따라 살게 된다.

작은 회사를 다니는 자매가 있었다. 그녀는 사무실에서 꽃이었다. 미모가 뛰어났기 때문이 아니라 생활 태도가 꽃이었기 때문이다. 그녀는 언제 봐도 얼굴에 기쁨이 넘쳤고, 매사 긍정적이었으며, 동료들의 마음을 시원하게 하는 생수와 같은 존재였다. 무엇이 그녀를 이렇게 살도록 하는 것일까? 불신 사장은 궁금했다. 그러던 어느 날 그녀가 예수님의 제자로 훈련받은 교인이라는 것을 알게 되었고, 불신 사장은 예수를 믿게 되었다.

일대일 양육은 성경적인 삶의 방법 즉 자기중심에서 하나님 중심으로, 이기적인 삶에서 이타적으로 그리고 자기 뜻 대신 하나님의 뜻을 따라 사는 법을 훈련하는 과정이다. 교재가 제시하는 신앙과 삶에 관한 다양한 주제들을 양육자와 동반자가 함께 나눔으로써 그리스도인으로서 건강하게 살아가게 한다.

지금까지 일대일 제자양육의 목적을 살펴보았다. 결론적으로 일대일 제자양육은 다음의 세 가지를 추구한다.

첫째, 건강한 그리스도인을 지향한다.

둘째, 건강한 교인을 지향한다.

셋째, 건강한 사회인을 지향한다.

일대일 제자양육은 지금까지 개인과 교회로 국한되던 개념을 넘어서 가정과 교회와 사회에서 영향력 있는 그리스도인으로 살아가도록 훈련하는 양육 과정이다.

4장

제자는
어떤 사람인가

모든 영성 훈련이나 제자훈련이 궁극적으로 추구하는 것은 예수님을 닮는 것이다. 따라서 신앙과 삶의 모든 영역에서 예수의 모습이 드러나지 않는다면 그것은 잘못된 영성 훈련이거나 엉터리 제자훈련이라고 보아도 무방하다. 각종 이단들의 왜곡된 신앙과 그 신앙에 근거한 잘못된 생활 방식들이 이것을 증거하고 있다.

사도 바울은 하나님이 우리를 구원하신 여러 목적 중 하나가 우리로 하여금 예수님의 형상을 본받게 하는 데 있다고 했다.

하나님이 미리 아신 자들을 또한 그 아들의 형상을 본받게 하기 위하여 미리 정하셨으니 이는 그로 많은 형제 중에서 맏아들이 되게 하려 하심이니라 **롬 8:29**

다시 말하면 죄로 인하여 잃어버린 하나님의 형상을 예수님을 통해서 다시 회복시켜 주기 위하여 구원하셨다는 것이다. 잃어버린 하나님의 형상을 회복한다는 것은 곧 예수님을 닮는 것이다. 그리스도인은 누구든지 예수님을 닮는 것이 하나님께서 나를 구원하신 목적이라는 사실을 명심해야 한다. 존 스토트(John Stott) 목사는 "자신이 그리스도인이라고 확신한다면 그리스도처럼 되어야 한다"고 주장했다. 사도 요한은 "그리스도 안에서 산다고 말하는 자들은 그리스도께서 행하신 대로 자신도 해야 한다"고 말했다.

그의 안에 산다고 하는 자는 그가 행하시는 대로 자기도 행할지니라 **요일 2:6**

예수님을 닮는 것은 평생에 걸쳐 걸어가야 할 성숙의 과정이다. 이와 같이 예수님을 닮기 위하여 훈련하는 일대일 제자양육이 추구하는 제자의 모습은 무엇인가? 예수님이 정의 내리신 제자의 의미를 살펴보면 다음과 같다.

제자는 삶의 우선순위를 예수님께 두고 산다

제자는 기본적으로 성령의 감동하심으로 예수님을 인격적으로 영접하고 구원을 얻은 사람이다. 그리스도인인 우리는 구원을 얻는 과정에서 하나님의 은혜와 사랑을 깊이 경험하게 된다. 이때 가장 먼저 우리의 가치관과 세계관이 달라진다. 그러면 시간 사용, 소유 생활 태도, 관계

왜 일대일 제자양육인가

등에서 우선순위가 재편되기 시작한다. 즉 인생의 우선순위를 예수님께 두고 살게 된다. 다시 말하면 예수님 중심으로 삶의 우선순위를 재정리하게 된다.

예수님은 "무릇 내게 오는 자가 자기 부모와 처자와 형제와 자매와 더욱이 자기 목숨까지 미워하지 아니하면 능히 내 제자가 되지 못하고"(눅 14:26)라고 제자도를 말씀하셨다. 이 말씀은 가족을 사랑하지 말라거나 가족과 관계를 끊고 예수님을 따르라는 의미가 아니라 우선순위를 재정비하라는 말씀이다.

그런데 이것은 하나님의 은혜와 사랑을 경험해야만 가능하다. 왜냐하면 그분의 은혜와 사랑을 깊이 경험한 사람들은 자연스럽게 삶의 최고 가치를 예수님께 두기 때문이다. 또한 이 말씀은 하나님의 사랑을 알아야 사람을 사랑할 수 있는 마음이 생긴다는 말씀이기도 하다. 하나님을 사랑할수록 사람을 더 잘 사랑할 수 있게 된다.

사도 바울이 자신의 존재 가치요 자랑이던 모든 스펙을 배설물로 여길 수 있었던 것은 예수님이 삶의 최고 가치임을 발견했기 때문이다. 그는 자신이 모든 것을 해로 여기는 이유는 내가 그리스도를 얻었기 때문이라고 고백했다(빌 3:7-8). 그는 하나님의 은혜와 사랑을 경험하고 나서야 비로소 세상에 예수님보다 더 귀한 것이 없음을 알게 되었다. 그에 따라 바울은 "이와 같이 너희 중의 누구든지 자기의 모든 소유를 버리지 아니하면 능히 내 제자가 되지 못하리라"(눅 14:33)고 한 예수님의 말씀을 따라 살았다.

제자는 삶의 우선순위를 예수님께 두고 살기 때문에 먼저 그의 나라와 그의 의를 구할 뿐 아니라(마 6:33) 하나님의 영광을 먼저 드러내며

(고전 10:31) 동시에 예수 그리스도의 몸인 교회를 세우는 일에 헌신하게 된다.

일대일 동반자 과정을 마친 한 형제의 간증을 소개한다. 그는 동반자 과정을 마치고 나서 '나는 그리스도인입니다'라는 문구를 새긴 배지를 만들었다. 양복에 달고 다니기 위해서였다. 가족들이 그냥 그리스도인으로서 살면 되지 왜 굳이 배지를 달고 다니느냐며 만류했지만 그는 자신의 결정을 굽히지 않았다.

이유가 무엇인가? 훈련을 통해 예수님이 자기 삶에서 가장 가치 있는 분임을 발견했기 때문이다. 지금까지 소중히 여기던 것들보다 예수님이 훨씬 더 소중한 분임을 알게 되었고, 그에 따라 삶의 우선순위를 재편했기 때문이다.

예수님을 우선순위로 삼는 제자는 또한 예수님과의 관계를 가장 중요시 여기게 된다. 그래서 봉사도 하지만 말씀 속에서 인격적으로 주님을 만나는 일을 게을리하지 않는다. 그리고 예수님 안에서만 발견되는 행복을 경험하며 살게 된다. 이것은 예수님이 삶의 최고가 되지 않은 사람들은 결코 경험할 수 없는 선물이다.

무엇이 인생을 풍요롭게 하는가? 바로 예수 그리스도 한 분이다. 내가 추구하는 것이 예수님과 무슨 관계가 있는가? 만약 관계가 없다면 그 인생은 무익한 것이다. 예수님 외에는 우리가 걸 만한 가치 있는 것은 없다.

왜 일대일 제자양육인가

제자는 예수님이 주신 사명에 헌신한다

예수님은 자기 십자가를 지지 않고 따르는 사람은 제자가 될 수 없다고 말씀하셨다.

누구든지 자기 십자가를 지고 나를 따르지 않는 자도 능히 내 제자가 되지 못하리라 **눅 14:27**

제자는 자신이 져야 할 십자가가 무엇인지 알 뿐 아니라 그 십자가를 잘 지고 산다. 주님이 우리에게 맡기신 십자가는 두 종류다.

첫째는 개인의 삶에서 져야 하는 십자가다. 이 십자가는 고난의 형식으로 주어진다. 크든 작든 고난이 없는 인생은 없다. 다만 자신의 연약함을 십자가로 인식하고 사는 사람과 그렇지 못한 사람이 있을 뿐이다. 고난을 자신이 져야 하는 십자가로 인식하는 사람에게 고난은 더 이상 고난이 아니다. 나아가 고난에 얽매이지 않고 담대하며 어려운 상황에서도 감사할 수 있다. 성령께서 함께 고난을 지시기 때문이다.

반면에 고난을 십자가로 인식하지 못하는 사람은 사는 것 자체가 힘이 든다. 문제와 환경에 눌려 있기 때문에 감사할 것도 기뻐할 것도 없다.

어느 권사님은 남편과 함께 살기가 참 힘들었다. 자녀들도 아빠와 이혼하고 우리끼리 행복하게 살자고 말했다. 하지만 권사님은 자녀들에게 이렇게 말했다.

"아빠의 부족함은 엄마가 평생 져야 할 십자가란다. 결혼할 때 했던 서약은 하나님과의 약속이기 때문에 지켜야만 해. 그러니 너희들도 엄

마가 십자가를 잘 질 수 있도록 중보기도 부탁한다."

세월이 흘러 그 어렵던 남편이 변화되어 지금은 평화롭게 살고 있다고 한다. 이처럼 제자는 주님이 맡기신 삶의 십자가를 잘 지고 산다.

둘째는 주님의 몸된 교회를 위해 져야 하는 십자가다. 교회를 섬기는 사람들 중에는 두 부류가 있다. 하나는 교회를 위해서 '일해 주는' 사람이다. 이들은 교회를 위해서 하는 일이 자신이 져야 하는 십자가라는 인식이 없다. 그냥 자기 열심과 열정에 이끌려 교회를 섬긴다. 그러다가 자신의 섬김이 인정받지 못하면 상처받거나 심지어 교회를 떠나 버린다.

반면에 교회의 일을 자신이 져야 할 십자가로 인식하고 섬기는 이들은 대가를 바라거나 인정받기 위해서 일하지 않는다. 마땅히 자신이 져야 할 십자가로 인식하고 충성할 뿐이다. 자신의 섬김이 교회에 유익이 되고 하나님께 영광이 되는 것만으로 감사한다. 이들이 바로 참 제자들이다.

제자는 주님을 위해서 사는 것을 자신의 사명으로 알고 그분을 위한 일에 기쁘게 헌신한다. 제자는 가정, 교회, 직장에서 자기가 할 일을 알고 있다. 또한 예수님이 부르셔서 그곳에 있게 하심을 그리고 그 일을 하게 하심을 알고 최선을 다한다.

제자는 예수님의 다스리심을 받는다

예수님의 다스리심은 어떻게 이루어지는가? 다시 말하면 예수님은 우리를 어떻게 다스리시는가? 이것은 모든 그리스도인에게 중요한 질문이다. 예수님은 말씀으로 우리를 다스리신다. 다시 말하면 우리가 예수님의 말씀에 순종할 때 그분의 통치가 이루어진다. 그러므로 제자는 예수님이 누구신지 알고 구세주로 믿을 뿐 아니라 그분의 권위 아래 복종하면서 살아간다. 따라서 제자는 항상 하나님의 말씀 안에 거한다. 즉 말씀을 묵상하고 그 묵상한 말씀대로 순종하면서 산다. 이것은 내 말대로 사는 사람이 내 제자라고 하신 예수님의 말씀이 증명한다.

그러므로 예수께서 자기를 믿은 유대인들에게 이르시되 너희가 내 말에 거하면 참으로 내 제자가 되고 요 8:31

일대일 제자양육 교재에 큐티가 첨가된 것은 이 때문이다. 동반자 과정에서 양육자와 동반자는 매주 큐티한 내용을 나누면서 함께 성장한다. 양육자 과정에서는 개인 큐티 노트를 검사해서 묵상 훈련을 강도 높게 한다. 제자는 말씀을 묵상함으로써 하나님의 선하시고 기뻐하시고 온전하신 뜻이 무엇인지 분별하게 되고(롬 12:2) 그 뜻에 순종함으로써 주님이 다스리시는 삶을 살게 된다. 그런데 놀랍게도 주님의 다스림에는 자유함이 있다.

진리를 알지니 진리가 너희를 자유롭게 하리라 요 8:32

어느 자매가 이혼을 염두에 두고 상담을 받으러 왔다. 자초지종을 들어 보니 그녀의 고충이 충분히 이해됐다. 나는 아내의 역할을 얼마나 성경대로 했는지를 되물었다. 그녀는 당황하는 눈치였다. 성경적 아내의 역할이 무엇인지 모르는 것 같았다. 그래서 에베소서 5장 22-25절 말씀을 읽어 주었다. 자매가 아내는 남편에게 복종해야 한다는 말씀에 동의하지 않기에 본문은 하나님께서 가정의 리더십을 남편에게 주셨으므로 남편을 존중하라는 의미라고 해석해 주었다. 그제야 자매는 지금까지 남편을 가장으로서 존중하지 않았고, 그 때문에 부부관계에서 하나님의 통치가 이뤄질 수 없었음을 깨달았다.

하나님의 나라는 말씀에 순종할 때 세워진다. 말씀을 따라 순종할 때 가정은 천국이 된다. 불순종하면 가정은 지옥이 된다.

제자는 말씀을 따라 순종하므로 그가 거하는 곳 즉 가정이든 직장이든 어디서든 그리스도의 통치가 이루어진다. 그렇기에 제자는 어느 곳에 있든 하나님 나라를 건설하는 사람이며 선한 영향을 끼치는 사람이다.

이같이 너희 빛이 사람 앞에 비치게 하여 그들로 너희 착한 행실을 보고 하늘에 계신 너희 아버지께 영광을 돌리게 하라 마 5:16

제자는 사랑에 성숙한 사람이다

영성 하면 섬김, 헌신, 금욕, 금식, 절제, 단순한 생활, 엄격한 훈련 등을 상상하게 된다. 물론 이런 이미지가 틀린 것은 아니다. 그러나 이보다 더 높은 차원의 영성의 요소가 있다면 그것은 바로 사랑이다. 가장 성숙한 영성은 사랑을 잘하는 것이다. 성경 100독을 해도 사랑에 실패했다면, 40일 금식을 몇 번씩 해도 사랑을 잘하지 못한다면, 그 영성은 아직 미성숙한 영성이다.

제자훈련의 궁극적인 목적은 사랑을 잘하는 사람이 되도록 훈련하는 것이다. 사랑은 영성의 최고봉이기 때문이다. 예수님도 제자됨의 증거는 서로 사랑하는 것이라고 말씀하셨다.

> 새 계명을 너희에게 주노니 서로 사랑하라 내가 너희를 사랑한 것같이 너희도 서로 사랑하라 너희가 서로 사랑하면 이로써 모든 사람이 너희가 내 제자인 줄 알리라 **요 13:34-35**

사도 바울은 데살로니가 교회를 생각할 때 항상 감사하는 것은 그들의 믿음이 더욱 자라 서로 사랑함이 풍성했기 때문이라고 고백하였다.

> 형제들아 우리가 너희를 위하여 항상 하나님께 감사할지니 이것이 당연함은 너희의 믿음이 더욱 자라고 너희가 다 각기 서로 사랑함이 풍성함이니 **살후 1:3**

제자는 첫째, 하나님을 사랑한다. 하나님을 사랑하는 사람은 하나님의 비전을 공유한다. 그리고 그분의 비전을 이루는 일에 헌신을 한다. 제자훈련을 많이 하는 교회는 국내든 해외든 상관없이 복음 증거에 헌신하게 된다. 예수님의 제자로 훈련받게 되면 자연스럽게 삶의 목표와 비전이 재정비될 수밖에 없다. 결국 '보내든지 떠나든지'라는 표어를 가지고 예수님의 소원인 선교를 삶의 목적으로 삼고 헌신하게 된다.

그런데 그 헌신은 하나님의 사랑에서 나오는 것이다. 성도는 하나님의 사랑을 경험해야 하나님을 사랑할 수 있고, 하나님을 사랑해야 헌신할 수 있다. 그리고 제자는 하나님의 말씀을 순종함으로써 하나님을 사랑한다(요 15:10). 이것은 예수님이 아버지의 뜻에 순종하여 십자가에서 죽으심으로 우리를 향한 사랑을 입증하신 것과 같다(롬 5:8).

제자는 둘째, 자신을 사랑한다. 자신을 사랑하지 않는 사람이 의외로 많다. 그들의 공통점은 삶이 불행하다는 것이다. 어떤 이유로든 자신의 존재를 싫어하는 것은 하나님의 창조를 모독하는 행위다. 하나님은 각 사람을 당신의 형상을 따라 창조하셨다. 이것만으로도 사람은 존재 가치가 충분하다. 하나님이 당신의 이름을 걸고 창조한 자신을 싫어하는 것은 불신앙이다(사 43:7). 설령 부모님의 실수로 자신의 가치를 잃어버린 사람이 있다면 하나님 안에서 자신의 진짜 모습을 찾아야 한다. 그리고 사랑해야 한다. 이것이 제자의 모습이다.

하나님의 사랑을 경험해야 자신을 사랑할 수 있고 또한 자신을 사랑해야 이웃을 사랑할 수 있다. 예수님도 네 이웃을 네 몸과 같이 사랑하라고 말씀하셨다(마 22:39).

제자는 셋째, 타인을 사랑한다. 하나님을 사랑하는 사람은 자신을 사랑할 뿐만 아니라 타인도 사랑하게 된다. 자신을 사랑하지 못하면 타인을 사랑할 수 없다. 그리고 타인을 사랑하려면 하나님의 사랑을 받아야 한다. 예수님은 아버지로부터 사랑을 받고 그 사랑으로 우리를 사랑하셨다(요 15:9). 우리가 할 수 있는 모든 사랑은 하나님의 사랑에서 온 것이다(요일 4:10-11).

제자로 훈련된 사람은 평생 예수님이 가신 길을 따르게 된다. 주님이 함께하던 사람들, 즉 소외되고 병들고 가난하고 불행한 사람들과 함께

하기를 기뻐하며 주님이 하셨던 일에 참여하게 된다. 제자훈련을 올바로 하는 교회는 이웃 사랑에 헌신할 수밖에 없다. 성도가 사회선교에 기쁨으로 참여하는 것은 이웃 사랑의 표현이다.

제자들도 예수님께 훈련받은 그대로 사회적 약자들을 섬기는 일에 최선을 다했다. 예루살렘 교회 성도들이 자신의 소유를 팔아서 어려운 사람들을 섬겼던 것은 제자훈련의 결과였다. 제자로 훈련받은 사람들은 어려운 환경에 처한 이웃을 섬기는 일에 기꺼이 헌신한다. 하나님의 사랑이 권고하므로 피할 수 없기 때문이다. 그렇게 하나님의 사랑은 나를 통해서 흘러가게 된다.

5장

함께 성장하는
양육자와 동반자

대부분의 제자훈련은 스승과 제자라는 관계를 설정하고 일대 다수의 양육 구조로 진행된다. 예수님이 열두 명의 제자를 훈련하고 세상으로 내보낸 것을 모델로 삼은 것이다. 그러나 일대일 제자양육은 양육 구조가 다르다. 일대일 제자양육은 일대일로 훈련을 하며 양육자와 동반자가 양육 과정을 통해서 함께 성장해 가는 제자훈련이다.

지금까지 일대일 제자양육을 주로 동반자의 신앙 성장에 초점을 맞추어 이해했으나 이제는 양육자의 성장도 포함해서 살펴보려 한다. 일대일 제자양육이 동반자와 양육자가 함께 성장하는 제자양육 과정이라는 근거는 다음과 같다.

서로 겸손하므로 성장한다

아무 일에든지 다툼이나 허영으로 하지 말고 오직 겸손한 마음으로 각각 자기
보다 남을 낫게 여기고 **빌 2:3**

하나님의 은혜와 사랑을 경험한 사람들은 항상 하나님과 사람에 대
하여 겸손할 수밖에 없다. 양육자는 자신이 하나님의 은혜로 구원받았
고 사랑받은 자임을 알기 때문에 동반자에게 겸손한 태도를 취하게 된
다. 아무리 세상에서 직책이 높고 부자라도 하나님의 은혜 안에서는 겸
손할 수밖에 없다. 양육자는 동반자 위에 군림하는 스승이 아니라 동반
자의 발을 씻겨 주는 스승이다. 예수님이 제자들의 발을 씻어 주신 것처
럼 양육자는 언제나 동반자의 발을 씻어 줄 준비가 되어 있어야 한다.

한편, 동반자는 배운다는 자세로 양육자를 자신보다 더 낮게 여겨야
한다. 설령 양육자가 자신보다 사회적 지위가 낮고 소유가 부족하다 할
지라도 하나님께서 맺어 주신 양육 관계라는 사실을 믿음으로 받아들이
고 겸손해야 한다.

또한 두 사람은 양육 과정이 은혜롭게 진행될 수 있도록 성령을 의지
할 뿐 아니라 성령의 도움을 구하므로 하나님 앞에서도 겸손해야 한다.
그렇게 하면 양육 과정 내내 하나님의 인도를 받을 수 있다. 두 사람이
겸손한 태도를 갖게 되면 자기중심이 아닌 타자 중심으로 양육 과정을
진행하게 된다. 일대일 제자양육은 이렇게 서로에게 겸손한 태도를 취
함으로써 함께 성장한다.

고졸 학력을 가진 양육자가 대학교수를 양육한 사례가 있다. 양육자

는 자신이 고졸자라는 사실을 밝히지는 않았지만 스스로 위축되지 않고 겸손한 태도를 가지고 성실하게 양육에 임했다. 동반자 역시 배우겠다는 겸손한 자세로 열심히 훈련받았다. 양육자와 동반자 모두 겸손한 태도 덕분에 결국 서로가 성숙해지는 좋은 양육이 되었다.

서로 존중하므로 성장한다

형제를 사랑하여 서로 우애하고 존경하기를 서로 먼저 하며 **롬 12:10**

일대일 제자양육은 인격적인 태도 속에서 이루어지는 양육 과정이다. 먼저 양육자와 동반자는 서로의 이야기를 잘 들어줌으로써 존중하는 태도를 취한다. 그리고 양육 과정에서 드러나게 되는 허물과 부족함, 연약함과 미성숙함을 판단하거나 비판하거나 정죄하는 대신 그대로 이해하고 받아 주며 서로 지지해 준다.

사도 바울은 믿음이 약한 사람을 받아들이라고 권고했고(롬 14:1), 연약한 사람의 약점을 감싸 주며 자기가 기뻐하는 대로 하지 말라고 당부했다(롬 15:1). 다시 말해 상대를 자기가 원하는 대로 조종하지 말라는 것이다. 그리고 형제를 판단하거나 업신여기지 말라고 강조했다(롬 14:10).

믿음이 연약한 자를 너희가 받되 그의 의견을 비판하지 말라 **롬 14:1**

믿음이 강한 우리는 마땅히 믿음이 약한 자의 약점을 담당하고 자기를 기쁘게

하지 아니할 것이라 **롬 15:1**

네가 어찌하여 네 형제를 비판하느냐 어찌하여 네 형제를 업신여기느냐 우리
가 다 하나님의 심판대 앞에 서리라 **롬 14:10**

일대일 제자양육 과정에는 양육자의 인격적이지 못한 언어와 태도
때문에 힘들어하는 동반자가 있는가 하면, 반대로 불성실한 동반자의
태도 때문에 마음고생을 하는 양육자가 있다. 피차 존중히 여기는 태도
를 취하지 않으면 제자양육의 열매가 최소화될 수밖에 없다. 그러므로
양육자는 동반자를 연령이나 신앙의 성숙도와 상관없이 존중해야 하고,
동반자는 자신을 위해서 헌신하는 양육자를 존경해야 한다. 시간 지키
기, 숙제해 오기 등의 약속을 지킴으로써 피차 존중하는 태도를 취하면
양육자와 동반자가 동반 성장하게 된다.

양육을 할 때마다 동반자에게 식사를 대접한 양육자가 있었다. 양육
자와 동반자 부부는 주일 1부 예배를 함께 드리고 난 후에 양육자의 집
으로 와서 아침식사를 하였다. 양육자의 아내는 16주 동안 정성스럽게
아침을 대접했다. 식후에 남편들이 동반자 과정을 하고 있을 때 아내들
은 중보기도 하면서 큐티 나눔을 하였다. 동반자는 자신의 아버지뻘 되
는 양육자의 섬김에 많은 감동을 받았다. 존중히 여김을 받고 있다는 사
실이 동반자를 성장하게 하였다.

서로 격려하므로 성장한다

그러므로 피차 권면하고 서로 덕을 세우기를 너희가 하는 것같이 하라 **살전 5:11**

일대일 제자양육은 일방적으로 가르치는 과정이 아니라 양육자와 동반자가 피차 권면하는 과정이다. 권면한다는 것은 격려하는 것을 말한다. 또한 격려한다는 것은 가까이 다가가서 귀를 기울여 준다는 것이다.

성도들 중에는 성장 과정에서 부모로부터 충분히 인정받지 못했거나 사랑받지 못한 채 성인이 된 사람들이 많다. 부모의 미숙한 양육과 가정환경 때문에 자신의 참 가치가 왜곡된 것을 모른 채 살아가는 사람도 많다. 열등감과 강한 자존심, 자책이나 자학하는 태도는 정체성이 잘못 형성된 결과다.

일대일 양육 과정에서 양육자와 동반자는 서로를 세워 주고 격려함으로써 존재 가치를 발견하게 되고 치유와 회복을 경험하게 된다. "당신은 사랑받기 위해서 태어났습니다. 하나님은 당신을 위해 놀라운 계획을 가지고 계십니다. 하나님은 당신을 사랑하십니다. 당신은 소중한 존재입니다. 하나님은 당신의 삶에 대해 큰 관심을 가지고 계십니다" 등의 격려를 통해서 정체성과 자존감을 회복하고 성장하게 된다.

대인기피 증세를 보이는 자매가 있었다. 자매는 사람에게 버림받고 싶지 않아서 사랑을 받지도 않고 주지도 않으면서 살았다. 그러다 오랜 시간 주저한 끝에 일대일 제자양육을 받게 되었고, 양육자로부터 평생 들어 보지 못한 격려를 받음으로써 회복되었다. 그리고 양육자는 회복된 동반자의 모습을 보면서 더 성숙한 그리스도인으로 성장하게 되었다.

서로 가르치므로 성장한다

그리스도의 말씀이 너희 속에 풍성히 거하여 모든 지혜로 피차 가르치며 권면하고 시와 찬송과 신령한 노래를 부르며 감사하는 마음으로 하나님을 찬양하고 **골 3:16**

일대일 제자양육은 하나님의 말씀을 서로 가르치며 권면하라는 사도 바울의 제안을 실천하는 과정이다. 양육자가 동반자를 일방적으로 가르치는 것이 아니라 서로 말씀을 나눔으로써 함께 배우는 것이 일대일 제자양육이다. 그래서 일대일 제자양육에서 큐티는 매우 중요하다. 일대일 제자양육과 큐티는 분리해서 생각할 수 없다. 큐티 없는 일대일과 일대일 없는 큐티는 온전한 제자양육이 될 수 없다. 이 두 가지가 함께 갈 때 제자로서 훈련되고 그 삶이 성숙해질 수 있다. 이것이 일대일 제자양육을 목회에 도입하려는 목회자들에게 먼저 큐티 훈련을 받도록 권면하는 이유다.

양육자와 동반자는 큐티한 내용을 서로 나눌 때 그 풍성한 말씀이 서로에게 가르침으로 혹은 교훈으로 다가온다. 말씀을 통해서 받은 은혜를 주고받는 과정에서 서로에게 배우게 된다. 이때 그 은혜에 감사하게 되고 결국 은혜를 베풀어 주신 하나님을 찬양하는 데까지 이르게 된다.

실제로 양육을 마친 후 큐티 나눔이 가장 기억에 남는다는 동반자들이
많다.

서로 해산의 수고를 하면서 성장한다

나의 자녀들아 너희 속에 그리스도의 형상을 이루기까지 다시 너희를 위하여
해산하는 수고를 하노니 **갈 4:19**

아이를 낳는 일은 산모만의 수고로 되는 것이 아니다. 태아의 수고도
크다. 산모는 산모대로 태아는 태아대로 10개월을 애쓰며 수고했기에
때가 되면 세상에 태어날 수 있는 것이다. 양육자와 동반자도 서로 다름
을 이해하고 적응하면서 16주 후에 새 생명으로 태어나는 해산의 수고
를 하게 된다.

그러려면 무엇보다 우선순위를 서로에게 두어야 한다. 그리고 양육
과정에서 어떤 상황이 벌어지더라도 성령의 도움을 의지하면서 믿음으
로 감당해야 한다. 당연히 인내와 기다림 그리고 앞으로 예수님의 제자
로 태어나게 될 것을 기대하는 소망을 가져야 한다. 결국 양육자와 동반
자는 예수님을 본받아 서로 같은 뜻을 품게 되고 한마음과 한 입으로 하
나님께 영광을 돌릴 뿐 아니라 서로가 서로를 받아 줌으로써(롬 15:5-7) 함
께 성장해 간다.

서로 중보하면서 성장한다

여자들과 예수의 어머니 마리아와 예수의 아우들과 더불어 마음을 같이하여
오로지 기도에 힘쓰더라 **행 1:14**

일대일 제자양육은 기도로 준비하고 기도로 진행하며 기도로 마무
리하는 양육 과정이다. 먼저, 양육자와 동반자는 서로와 만남을 위해 기
도한다. 둘째, 각자 자기 자신을 위해 성령님의 도움을 구하며 끝날 때까
지 기도한다. 더 나아가 사탄의 방해를 대적하며 기도한다. 셋째, 제자양
육 기간 동안 내내 서로를 위하여 중보기도한다. 넷째, 은혜와 진리가 넘
치는 양육이 될 수 있도록 기도한다.

이렇게 한 영혼을 마음에 품고 서로를 위하여 기도할 때 놀라운 영적
성장을 이루게 된다. 양육자인 사도 바울은 자신이 개척한 교회와 성도
들을 위해 기도하였고, 동반자인 교회들은 사도 바울과 사역을 위하여
중보기도하였다. 그렇게 함으로써 각자의 신앙과 사역과 삶 속에서 성
령님의 놀라운 역사를 역동적으로 경험했을 뿐 아니라 영적으로 성장할
수 있었다. 이러한 영적 교통은 양육자와 동반자 모두를 성장시킨다.

서로 본이 되므로 성장한다

형제들아 너희는 함께 나를 본받으라 그리고 너희가 우리를 본받은 것처럼 그
와 같이 행하는 자들을 눈여겨보라 **빌 3:17**

사도들은 3년 동안 훈련을 받으면서 예수님의 신앙을 본받았고 그것은 예루살렘 교회 성도들에게 신앙의 본이 되었다. 이와 같이 본을 받고 본이 되어 주는 것이 반복되는 것이 일대일 제자양육이다. 건강한 양육자는 동반자에게 모든 면에서 본이 되려고 한다. 신앙과 인격, 교회 생활과 가정생활, 사회생활과 개인의 영성 생활 등에서 동반자에게 귀감이 되려고 노력한다. 양육자는 그렇게 함으로써 성장하게 된다. 동반자는 양육자로부터 자신의 부족함을 발견할 뿐만 아니라 여러 가지 도전을 받고 삶의 변화를 경험하게 된다. 실제로 동반자 과정을 마친 사람들의 간증에서 이 점이 많이 언급되고 있다.

　그렇게 양육자의 모범을 따라 변화를 경험한 동반자는 자신도 양육자가 될 뿐만 아니라 자신의 동반자에게 훌륭한 본이 되려고 한다. 이처럼 일대일 제자양육은 동반자가 양육자가 되어 또 다른 동반자를 낳는 재생산이 이루어진다.

ONE-TO-ONE

DISCIPLING

2부

일대일 제자양육의 내용

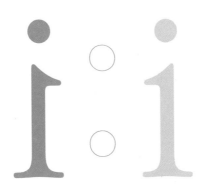

일대일 제자양육은 만남, 교제, 성장 등 세 부분으로 구성되어 있다.

첫 번째 '만남'에서는 기독교 신앙에서 가장 중요한 예수 그리스도에 관하여 공부한다. 예수님을 인격적으로 영접하지 못한 동반자는 다양한 내용을 통해서 예수님을 알게 될 뿐만 아니라 예수님을 개인의 구주로 영접하는 좋은 기회를 갖게 될 것이다. 그리고 이미 예수님을 믿고 구원을 얻은 동반자는 예수님에 관하여 체계적으로 배우고 정리하는 기회가 될 것이다.

두 번째 '교제'에서는 하나님과 동행하는 삶을 가능케 해주는 큐티를 공부한다. 큐티는 살아계신 하나님과 인격적인 교제를 나누는 방법 중의 하나로서 예수님의 제자로 살아가는 데 필수 요소이기 때문에 아무리 강조해도 지나치지 않는다. 큐티에서 가장 중요한 것은 묵상이다. 올바른 묵상이 올바른 적용을 낳는다. 이 책에서는 본문을 올바로 이해하고 묵상하는 법을 설명하였다.

세 번째 '성장'에서는 신앙의 틀을 형성시켜 줄 10가지 주제를 공부한다. 우선 '구원의 확신'과 '하나님의 속성'을 다루고 있다. 현대 그리스도인들의 취약점은 구원의 확신 부족과 하나님에 대한 확신의 부족이다. 그래서 이단의 표적이 되기도 하고 시험에 쉽게 빠지기도 한다. 이 책이 제시하고 있는 내용은 이와 같은 문제를 극복하는데 큰 도움이 될 것이다. 그리고 나머지 여덟 가지 주제의 풍성한 내용을 통해 영적 성장의 길을 발견할 수 있다.

6장

만남:

예수 그리스도

예수 그리스도를 배울 때 크게 4가지 주제를 다루게 된다. '예수는 어떤 분입니까?' '예수는 어떤 일을 했습니까?' '예수는 지금 무엇을 하고 있습니까?' '예수를 믿으십시오'가 그것이다. 이 주제는 신앙의 가장 중요한 기초이면서 동시에 기독교 신앙의 핵심이다.

첫 번째 만남: 예수는 어떤 분입니까?

첫 번째 만남에서는 예수님의 인성과 신성을 공부한다. 참 인간이신 예수님은 우리처럼 유대라는 국적과 베들레헴이라는 출생지 그리고 나사렛이라는 성장지가 있는 분이시다(마 2:1, 23). 그리고 배고픔(마 4:2)

과 피곤함(요 4:6)을 느끼실 뿐만 아니라 때로 피로에 못 이겨 낮잠을 주무시기도 했다(막 4:38). 기뻐하고(눅 10:21), 탄식하며 노하기도 하셨으며(막 3:5), 심히 고민하여 죽게 되었다는 말씀도 하셨다(막 14:34). 또한 우리를 불쌍히 여기시고(눅 7:13) 나사로의 죽음 앞에서 눈물을 흘리셨다(요 11:35). 예수님은 한마디로 인간애가 풍성하신 분이다. 이처럼 인간애가 풍성한 예수님을 가까이하기에 어려운 분이라고 느낄 사람은 없다. 아빠에게 '어린이 일대일 제자양육'을 받은 아이가 예수님은 가까이하기에 너무 좋은 분이라는 것을 알게 되어 기쁘다고 간증한 적이 있다.

예수님은 인간의 연약함을 이해해 주고 동정해 주시는 분이다. 그러나 그분은 모든 일에 우리처럼 시험받으셨지만 죄를 짓지 않으신 분이다(히 4:15). 만약 그분이 우리처럼 죄 있는 인간으로 태어나셨거나 죄를 범하셨다면 우리를 죄에서 결코 구원하실 수 없었을 것이다. 죄가 없는 분이기에 죄 값을 대신 지불하고 우리를 구원하실 수 있었다.

예수님은 죄가 없는 참 인간이면서 동시에 참 하나님이시다. 이런 사실은 예수님의 여러 번에 걸친 진술에서 발견할 수 있다. 나와 아버지는 하나다(요 10:30), 나는 아버지 하나님과 똑같이 공경을 받아야 한다(요 5:23), 나를 본 자는 하나님을 본 것과 같다(요 14:9) 등의 고백에서 그 근거를 찾을 수 있다. 또한 배에 함께 타고 있던 제자들(마 14:33)이나 그분의 무덤을 지키던 백부장의 고백도 이 사실을 뒷받침한다.

백부장과 및 함께 예수를 지키던 자들이 지진과 그 일어난 일들을 보고 심히 두려워하여 이르되 이는 진실로 하나님의 아들이었도다 하더라 **마 27:54**

이와 같이 예수님은 본인의 진술이나 제3자들의 고백대로 참 하나님이면서 동시에 온전한 인간이시다. 만약 예수님의 인성과 신성을 동시에 고백하지 않으면 그것은 틀림없이 이단이다. 예수님이 가이사랴 빌립보에서 제자들에게 사람들이 당신을 누구라고 하는지 물으셨을 때 제자들은 세례 요한, 엘리야, 예레미야, 선지자 중 하나 등 여러 대답을 내놓았다. 예수님이 다시 "너희는 나를 누구라고 하느냐?"고 물으셨을 때 베드로는 "주는 그리스도시요 살아 계신 하나님의 아들이십니다"라고 대답했다(마 16:15-16).

모든 그리스도인들이 믿는 예수님은 그리스도 즉 우리의 왕이시며 살아 계신 하나님의 아들 즉 하나님이시다. 예수님은 참 하나님이면서 참 인간이시다. 예수님은 보이지 않는 하나님의 형상이며 모든 피조물보다 먼저 나신 분(골 1:15)이다. 그리고 만물은 아들이신 예수님으로 인해 창조되었고 예수님을 위해 창조되었다(골 1:16).

이름을 통해서 알게 되는 예수님

예수님을 더 잘 알고 싶다면 그분의 이름을 연구할 필요가 있다. 유대인들에게 이름은 곧 그 사람의 정체성이요 삶의 내용이 된다. 예를 들면 모세는 그 이름이 '건져 내다, 들어 올리다'라는 뜻을 가지고 있다. 그는 자신의 이름대로 죽음의 위기에서 구원을 받았고 이스라엘을 애굽에서 구원하는 사명을 감당했다. 이와 같이 이름은 곧 그 사람을 의미한다. 예수님의 이름 중에서 가장 많이 사용되고 있는 이름의 의미를 보면 예수님이 어떤 분인지 알 수 있다.

첫째, 예수님의 이름은 주님(Lord)이다. 이것은 예수님이 나의 생명과 삶의 주인이라는 의미다. 예수 믿기 전에는 내가 내 삶의 주인이었다. 그러나 예수님을 믿고 난 후에는 그분이 주인이시다. 예수님을 구주로 고백하고 영접할 때 소유권이 나로부터 그분께 이전된 것이다. 그러므로 구원받은 사람은 예수님의 주권(lordship)을 인정하면서 살아야 한다. 그러기 위해서는 선택권과 결정권을 예수님께 드려야 한다. 무엇이든 결정하기 전에 예수님께 묻고 그분의 음성을 듣고 결정해야 한다. 자신이 주인 노릇을 하면 안 된다. 우리는 주인이 아니라 매사에 맡겨 주신 일을 감당하는 청지기(stewardship)로서 살아야 한다.

두 번째 이름은 예수(Jesus)다. 이것은 예수님이 구원자라는 의미다. 예수님은 우리를 죄에서 구원해 주실 뿐 아니라 죄로 인하여 발생한 모든 악으로부터도 구원하시는 분이다(죄로부터 구원). 또한 일상생활에서 직면하는 많은 위기 중에도 구원을 베풀어 주시는 분이다(생활 속에서 구원). 예수님은 죄와 사망과 모든 위험에서 우리를 건져 주시는 구원자다. 마태는 이사야의 말씀을 근거로(사 53:4) 예수님이 몸소 우리의 연약함을 담당하셨고 우리의 질병을 짊어지셨다(마 8:17)고 기록하였다. 신앙생활이란 예수님의 구원을 체험하는 것이다. 예수 이름의 능력을 체험할 때 믿음은 더욱 견고해질 수 있다.

세 번째 이름은 그리스도(Christ)다. 이것은 구약성경의 '메시아'와 같은 뜻이다. 메시아는 히브리어이고 그리스도는 헬라어다. 이 말은 '기름 부음을 받은 자' 즉 왕이라는 뜻이다. 그리스도는 우리의 삶과 가정과 교회를 통치하시는 왕이다. 그분의 통치가 이루어지는 개인과 가정과 교회는 천국이 된다. 만약 사람이 주인 노릇하면 그분의 통치가 이루어질 수 없고 따라서 그곳은 지옥이 될 수밖에 없다. 인격이신 성령님은 독재자처럼 다스리시지 않고 인격적으로 다스리시는 분이다. 그리스도의 통치는 우리가 말씀에 순종할 때 이루어진다.

네 번째 이름은 임마누엘(Immanuel)이다. 이것은 '하나님이 우리와 함께하신다'(God with us)라는 뜻이다. 보이지 않는 하나님이 보이는 인간의 모습으로 이 땅에 오신 분이 예수님이다. 그래서 우리는 예수님을 통해서 하나님을 알게 될 뿐만 아니라 하나님이 우리와 함께하시는 분임을 알 수 있다.

그리스도인은 홀로 사는 자들이 아니라 주님과 함께 사는 자들이다. 그리고 그분이 계신 곳에는 참된 자유와 평안이 있다. 임마누엘이신 예수님은 늘 우리와 함께하시기 때문에 다윗처럼 골리앗 같은 시련과 고난 앞에서도 두려워하지 않고 담대하게 맞설 수 있다.

다섯 번째 이름은 하나님의 아들(son of God)이다. 이것은 예수님이 하나님이라는 것을 뜻한다. 유대인들에게 하나님의 아들이란 곧 하나님을 의미했다. 유대인들은 예수님이 자신을 하나님의 아들이라고 표현하실 때마다 분노하면서 예수님을 죽이려고 했다. 그들로선 인간이 하나님이 된다는 것은 있을 수도 없고 있어서도 안 되었기 때문이다.

우리는 예수님이 하신 사역을 통해 그분이 메시아일 뿐 아니라 하나님이라는 사실을 알 수 있다. 귀신을 쫓고 죽은 자를 살리고 병자를 고치는 것은 하나님만이 하실 수 있는 일이다. 그분의 말씀을 통해서도 예수님이 하나님이심을 알 수 있다.

여섯 번째 이름은 사람의 아들(son of Man)이다. 이것은 예수님이 인간이라는 것을 뜻한다. 예수님은 하나님이면서 동시에 참 인간이시다. 이미 앞에서도 언급했듯이 예수님은 우리와 같은 인간이지만 다른 점은 죄가 없다는 것이다. 그분이 죄 없는 인간이기 때문에 죄 있는 인간을 대신하여 십자가의 형벌을 받으실 수 있었다. 그분은 인간으로서 연약함과 부족함을 경험하셨기에 우리를 이해해 주시고 불쌍히 여겨 주신다.

예수님을 아는 만큼 그분을 더 잘 믿을 수 있고 삶의 모든 분야에서 그분의 능력을 체험할 수 있다. 예수님을 바로 알고 믿고 고백할 때 우리는 견고하여 흔들리지 않는 신앙생활을 할 수 있다.

이외에도 요한복음은 예수님이 어떤 분인지를 7가지로 설명하고 있다.

예수님은 **생명의 떡**(요 6:35, 48)이어서 우리가 예수님을 믿으면 영적으로 굶주리지 않게 된다. 예수님은 **세상의 빛**(요 8:12)이시므로 예수님을 믿으면 어둠 가운데 살지 않고 빛 가운데 살게 된다. 예수님은 **문**(요 10:7, 9)이시므로 그분을 믿으면 구원의 문으로 들어가게 된다. 예수님은 **선한 목자**(요 10:11)이시므로 예수님을 믿으면 그분의 인도, 보호, 양육을 받을 수 있다. 예수님은 **부활이요 생명**이시다(요 11:25). 그러므로 누구든지 그분을 믿으면 죽음에서 승리할 뿐만 아니라 새 생명을 가지고 영생할 수 있다. 예수님은 **길이요 진리요 생명**이시다(요 14:6). 따라서 예수님 외에는 길도 진리도 생명도 없다. 예수님은 **참 포도나무**이시다(요 15:5). 가지인 우리가 예수님께 붙어 있을 때 생명은 물론 풍성한 열매를 맺으며 살 수 있다.

두 번째 만남: 예수는 어떤 일을 했습니까?

두 번째 만남에서는 죄와 예수님의 죽음에 대하여 살펴본다.

예수님은 공생애 동안 많은 사역을 하셨다. 대중을 상대로 복음을 전파하셨고 병든 자를 고치셨으며 죽은 자를 살리고 귀신 들린 자를 치유해 주셨다(마 11:2-6). 그리고 제자훈련에 많은 시간을 할애하셨다.

예수님은 지금도 성령님을 통해서 동일한 사역을 하고 계신다. 예수님의 이름은 능력이 있어서 그 이름이 선포될 때마다 구원이 일어나고 귀신이 떠나고 병든 자들이 치료를 받는 놀라운 역사가 일어난다. 그러나 무엇보다도 그분이 하신 최고의 일은 십자가에서 죽으신 것이다. 예수님은 인간의 모습으로 이 세상에 오신 목적을 분명히 밝히셨다.

인자가 온 것은 섬김을 받으려 함이 아니라 도리어 섬기려 하고 자기 목숨을 많은 사람의 대속물로 주려 함이니라 **막 10:45**

우리가 아직 죄인 되었을 때에 그리스도께서 우리를 위하여 죽으심으로 하나님께서 우리에 대한 자기의 사랑을 확증하셨느니라 **롬 5:8**

그분은 우리 때문에 인간의 모습으로 오셨고 우리의 죄를 대신하여 십자가에서 죽으셨다. 이것이 예수님이 하신 일 중에서 가장 위대한 일이다. 이슬람에서 기독교로 개종한 몇 사람을 만난 적이 있는데, 그들이 개종한 이유가 바로 신이 인간을 위해 죽었다는 사실 때문이었다.

그렇다면 성경에서 말하는 죄란 무엇인가? 창세기 3장은 죄의 의미와 결과가 무엇인지를 잘 보여 주고 있다. 하나님이 아담 부부에게 동산의 모든 것은 허용하되 동산 중앙에 있는 선과 악을 알게 하는 나무의 열매는 먹지 말라고 하셨다. 만일 먹으면 죽으리라는 경고도 주셨다. 그런데 하나님은 왜 동산 중앙에 선악과를 심어 놓고 절대로 먹지 말라고 하셨을까? 선악과는 어떤 의미를 가지고 있는 것일까?

선악과는 에덴동산의 주인이 하나님이라는 것을 의미한다. 그러므로 만일 아담이 선악과를 따 먹지 않으면 하나님이 에덴동산의 주인이라는 사실을 인정하는 것이지만 선악과를 따 먹으면 아담 자신이 에덴동산의 주인이 되겠다는 행위가 된다.

선악과는 현대 사회에도 있다. 시간의 주인은 하나님이시다. 그런데 하나님은 당신을 위하여 모든 시간을 바치라고 하지 않으셨다. 일주일 중 하루 하나님 앞에 나와 예배를 드리면 시간의 주인이 하나님이라는 사실을 인정하는 것으로 해주셨다. 그래서 주일을 지키는 것이 중요하다. 만약 어떤 이유로든 예배를 드리지 않으면 자신이 시간의 주인 노릇을 하는 불신앙이 되고 만다. 그러므로 어디를 가든지 어떤 형식으로든지 주일에는 반드시 예배를 드려야 한다.

돈의 주인도 하나님이시다. 그런데 하나님은 우리가 수고하여 번 돈을 다 바치라고 하지 않으셨다. 그중에서 십 분의 일을 헌금으로 드리면 돈의 주인이 하나님이라는 사실을 인정하는 것으로 해주셨다. 그러므로 만일 십일조를 드리지 않으면 돈의 주인이 자신이라는 불신앙이 되고 만다.

여기서 성경의 죄가 드러난다. 죄란 하나님을 하나님으로 믿지 않는 것, 하나님의 것을 하나님의 것으로 인정하지 않는 것이다. 아담은 하나님을 믿지 않았기 때문에 불순종하였다. 이것이 죄다. 그리고 그 죄의 결과는 사망이다(창 2:17). 사망이란 하나님과의 관계 단절 상태다.

모든 인간의 문제는 여기서부터 발생하였다. 죄는 모든 관계 즉 하나님과 사람의 관계, 사람과 사람의 관계 그리고 사람과 자연의 관계까지 단절시켜 버렸다. 그리고 첫 사람 아담 때문에 모든 인간은 죄인이 되었고 그 죄의 결과로 사망에 이르게 되었다. 이것을 피할 사람은 세상에 단 한 사람도 없다.

모든 사람이 죄를 범하였으매 하나님의 영광에 이르지 못하더니 **롬 3:23**

그런데 인간에게 살길이 열렸다. 예수님은 구약성경에서 450회나 예언된 대로 이 땅에 오셨다. 요한은 예수님의 출생을 말씀이 육신이 되셨다고 기록하였다(요 1:1-3). 즉 성육신하셨다는 것이다. 그분은 죄 없는 인간으로 오셔야 했기에 성령으로 잉태되어 동정녀 마리아에게서 나셨다. 그래야 인간을 죄에서 구원할 수 있기 때문이다(막 10:45).

예수님은 공생애 동안 병든 자를 치료하시고 귀신 들린 자를 고치셨으며 말씀을 선포하시고 제자를 양육하셨다. 그러나 주님이 하신 사역 중의 사역은 십자가에서의 죽음과 부활이다. 예수님의 십자가 죽음은 몇 가지 중요한 의미를 담고 있다.

첫째, 십자가의 죽음은 하나님의 약속의 성취다. 하나님은 첫 사람 아담 부부가 선악과를 따 먹는 불신앙과 불순종으로 인하여 죄인이 되었지만, 놀랍게도 구원을 약속해 주셨다. 창세기 3장이 넘어가기도 전에 구원 약속을 주신 것이다. 그리고 그 약속은 십자가의 희생이라는 방법으로 성취될 것이라고 말씀하셨다(창 3:15).

이 약속의 말씀은 선지자들을 통해서 계속 예언되었고 때로 실물로 보여 주기도 하셨다. 예를 들면, 죄인이 된 아담 부부는 벌거벗음이 서로에게 수치가 되어 그를 가리기 위해 가죽옷을 지었는데 이때 짐승이 희생당했다(창 3:21). 아브라함은 이삭을 대신하여 양을 제물로 드렸는데 하나님은 양을 이삭으로 받으셨다(창 22:13). 유월절 어린양의 피를 문설주에 바른 이스라엘 백성의 집은 장자가 죽임을 당하지 않았다(출 12:21-23). 무슨 말인가? 짐승을 희생양으로 삼은 사건들은 곧 십자가 희생을 통한 구원의 그림자인 것이다. 이렇듯 예수님은 하나님의 약속대로 이 땅에 오셔서 십자가에서 죽으셨다.

둘째, 십자가의 죽음은 대속적 죽음이었다. 구약 시대에는 죄를 용서받으려면 속죄의 제사를 드려야 했다. 속죄 제사는 인간이 지은 죄의 벌을 짐승이 대신 받음으로 죄 사함을 받는 의식이었다. 그리고 이 제사는 예수님이 십자가에서 우리의 죄를 대신하여 희생하실 것을 예표한 것이었다. 죄는 내가 지었는데 그 벌은 예수님이 대신 받으셨다. 예수님이 친히 나의 죄를 용서하기 위해 속죄 제사의 제물이 되신 것이다(히 9:28). 죄인이 용서받을 수 있는 법적인 근거를 만들어 주신 것이다.

여기서 기독교 신앙의 핵심인 하나님의 은혜가 나온다. 나 같은 죄인을 구원해 주기 위해 십자가의 죽음을 선택하신 예수님을 생각하면 은혜의 눈물이 나올 수밖에 없다.

"아 하나님의 은혜로 이 쓸데없는 자 왜 구속하여 주는지 난 알 수 없도다"
"은혜 아니면 살아갈 수가 없네 호흡마저도 다 주의 것이니"

"은혜로만 들어가네 은혜로만 산다네"

은혜의 찬송은 부를 때마다 눈물을 흘리게 한다.

셋째, 십자가의 죽음은 하나님의 사랑 표현이었다. 하나님은 말로만 우리를 사랑하지 않으시고 행동으로 보여 주셨다. 하나님이 인간이 되신 것과 예수님이 십자가에서 죽으신 것은 하나님의 우리를 향한 사랑의 표현이었다(롬 5:8). 그리고 그분의 사랑은 차별이 없다. 조건도 없다. 예수님이 우리를 위해 죽으셨기 때문에 하나님이 우리를 사랑하신 것이 아니라, 하나님께서 우리를 사랑하셨기 때문에 예수님이 죽으신 것이다.

십자가에서 우리는 하나님의 두 가지 성품을 알 수 있다. 의와 사랑이 그것이다. 하나님은 의로우신 분이기 때문에 죄를 용납할 수 없으시다. 그래서 당신 자신이 십자가에서 직접 죄를 감당하셨다. 그리고 그렇게 하신 이유는 사랑 때문이었다. 우리가 하나님을 사랑한 것이 아니라 하나님이 먼저 우리를 사랑하셔서 십자가의 놀라운 희생을 감당하셨다.

우리는 십자가에서 흘리신 예수님의 피로 죄 사함을 받고 생명을 얻게 되었다. 죄로 인하여 단절되었던 하나님과의 관계가 예수님의 피로 회복되었다(엡 2:13-14). 예수님의 중보 덕에 하나님과 화목하게 되었다(골 1:20). 예수님이 십자가에서 죽임당하신 것은 믿는 자들에게 생명과 구원을 주시기 위함이었다. 예수님의 십자가는 모든 어그러진 관계를 회복시키고 어두움 가운데 있는 자들에게 산 소망을 주며 죽은 자들에게 새 생명을 준다.

세번째 만남: 예수는 지금 무엇을 하고 있습니까?

세 번째 만남에서는 예수님의 부활과 승천 그리고 현재의 사역에 대하여 살펴본다.

죽음에서 부활하신 예수님

예수님은 제자들에게 말씀하신 대로(마 16:21) 죽으신 지 3일 만에 부활하셨다. 하지만 제자들은 이 말씀을 전혀 이해하지 못했고 믿지도 않았다. 왜냐하면 그들은 예수님이 이스라엘을 가난과 억압에서 해방시켜 줄 왕이 될 것으로 기대했기 때문이다. 그러나 예수님은 수차례 언급하셨듯이 십자가에서 죽으시고 3일 만에 부활하셨다. 제자들은 예수님의 부활 후에야 비로소 그 말씀을 이해할 수 있었다. 그리고 베드로를 비롯하여 수많은 증인들이 부활하신 예수님을 만났다(고전 15:3-8).

예수님은 죽음에서 부활하시므로 하나님의 아들 즉 하나님으로 증명되셨다(롬 1:4). 사도들은 성령을 체험한 이후 예수님의 십자가와 부활을 증거하였다.

이 두 가지, 즉 십자가와 부활은 기독 신앙의 핵심 내용이다. 십자가가 있었기 때문에 부활이 있고, 부활이 있기 때문에 십자가가 있는 것이다. 예수님의 부활은 다음과 같이 몇 가지 의미를 담고 있다

첫째, 부활은 승리를 의미한다. 예수님이 죽음에서 부활하신 것은 사망 권세를 이기고 승리하신 것이다(고전 15:57). 만약 부활이 없다면 여전히 우리는 사망 권세 아래 놓여 있을 것이다. 그러면 허물과 죄 때문에 살아 있으나 죽은 자처럼 살아야 한다(엡 2:1). 우리는 그리스도와 함

왜 일대일 제자양육인가

께 죄에 대하여 죽고 그리스도와 함께 죽음에서 부활한 자가 되었다(갈 2:20). 그러므로 구원받은 사람들은 부활 신앙을 가지고 살아야 한다.

만일 삶의 여정에서 십자가라는 고난만 있다면 그 삶은 고행의 연속일 것이다. 그러나 부활이 있기에 고난을 믿음으로 감당할 수 있다. 십자가 없이는 부활이 없듯이 고난이 없이는 승리도 없다. 부활 신앙을 가진 사람들은 어떤 고난이 오든 승리를 바라보고 담대하게 나아갈 수 있다.

둘째, 부활은 구원을 의미한다. 만약 예수님이 십자가에서 죽으시고 부활하지 못하셨다면 우리를 죄에서 구원하실 수 없다. 부활이 있기 때문에 죄와 사망과 사탄으로부터 구원하실 수 있었다. 그리고 예수님의 십자가와 부활이 나를 죄에서 구원하시려는 하나님의 사건으로 믿는 사람들은 누구든지 구원을 얻을 수 있다(롬 10:9-10).

예수님은 부활을 통해 죽음의 권세를 가진 마귀를 멸하여 우리를 자유케 하셨다(히 2:14). 그러므로 부활 신앙을 가진 자들은 어두움의 권세로부터 자유할 수 있다. 부활은 모든 인간이 가장 두려워하는 죽음으로부터 자유케 했다(히 2:15).

부활 신앙을 가진 자들은 죽음을 두려워하지 않고 하나님 나라에 소망을 두고 살 수 있다. 부활은 삶의 모든 짐으로부터 자유케 한다. 왜냐하면 주께서 우리를 붙잡아 주시기 때문이다(히 2:16). 부활 신앙을 가진 자들은 주님의 도움을 받으면서 담대하게 살 수 있다. 부활은 모든 시험으로부터 자유케 한다(히 2:17-18). 부활 신앙을 가진 사람들은 어떤 시험을 만나든지 넘어지지 않고 승리하면서 살 수 있다.

승천하신 예수님

예수님은 부활하신 후 40일 만에 승천하셨다. 너희가 본 그대로 다시 오실 것이라는 약속을 남기고 승천하셨다(행 1:9-11). 예수님의 승천은 다음과 같은 몇 가지 의미를 담고 있다.

첫째, 승천은 모든 사역의 완성을 의미한다. 예수님이 이 땅에 오신 목적 즉 아버지로부터 받은 사명은 인간을 죄에서 구원할 법적 근거를 만드는 것이었다. 다시 말하면 십자가와 부활을 통해서 인간을 죄에서 구원하시는 것이었다. 그래서 예수님이 십자가상에서 "다 이루었다"라고 말씀하신 것은 사명 완수라는 의미를 담고 있다. 예수님은 이 사역을 완성하셨기 때문에 승천하신 것이다. 예수님은 당신을 보내신 아버지 하나님께로 가셨다(요 16:5).

둘째, 승천은 성령의 임재를 가능하게 했다. 예수님은 당신이 떠나면 보혜사 성령을 보내실 것이라고 말씀하셨다(요 16:7). 그리고 성령님은 죄와 의와 심판에 대하여 세상을 책망하실 것이며(요 16:8) 모든 진리 가운데로 인도하실 것이라고(요 16:13) 말씀하셨다. 예수님의 약속대로 주님이 승천하신 후에 성령님이 임재하셨다. 성령님은 사도들로 하여금 예수님이 하신 일들을 행하도록 도우셨다. 예수님은 구원을 이루셨고 사도들은 그 구원을 땅끝까지 증거했다.

셋째, 승천은 사명을 남겼다. 예수님은 성령받은 사람들에게 땅끝까지 가서 부활의 증인이 되라는 사명을 주셨다(행 1:8). 그리고 모든 족속으로 제자를 삼고 아버지와 아들과 성령의 이름으로 세례를 주고 예수님께 배운 말씀을 가르쳐 지키게 하라고 당부하셨다(마 28:18-20). 그러므로 모든 그리스도인과 교회는 이 사명을 받은 자로서 전도와 선교에 헌

왜 일대일 제자양육인가

신해야 한다. 그것이 예수님의 명령에 순종하는 것이다.

넷째, 승천은 재림의 소망을 남겨 주었다. 예수님은 분명히 다시 오실 것이라고 약속하셨다. 예수님의 출생에 대한 구약의 예언이 다 이루어진 것처럼, 예수님이 예언하신 십자가와 부활이 성취된 것처럼, 재림하실 것이라는 약속도 반드시 이루어질 것이다. 그러므로 그리스도인들은 재림 신앙을 가지고 살아야 한다.

이 세상은 우리의 종착역이 아니다. 그러므로 세상 것이 아니라 영적인 것에 가치를 두고 살아야 한다. 우리는 예수님이 먼저 가서 준비해 놓으신 그 나라에서 비로소 영원히 살게 될 것이다(요 14:2-3). 주님의 재림은 도적같이 임할 것이다(벧후 3:10). 그러므로 언제 어느 때에 오셔도 부끄러울 것이 없는 그리스도인으로 하루하루를 거룩하고 경건하게 살아야 한다(벧후 3:11).

예수님이 지금 하시는 일

첫째, 예수님은 만물을 다스리고 계신다. 예수님은 하늘과 땅의 모든 권세를 가지신 분이다(마 28:18). 그리고 하나님 우편에 계셔서(시 110:1) 만물을 다스리신다(엡 1:20). 하나님 우편이라는 것은 통치 개념으로서 하나님과 동등한 주권을 가진 것을 의미한다. 예수님은 가고 오는 세상의 모든 권력과 권세와 권능과 주권자보다 뛰어나신 분이다(엡 1:21).

하나님은 예수님을 지극히 높여 모든 이름 위에 뛰어난 이름을 주셨다. 하늘에 있는 자들과 땅에 있는 자들과 땅 아래 있는 자들이 예수님의 이름에 무릎 꿇게 하시고 예수 그리스도를 주라고 시인하게 하셨으며 하나님 아버지께 영광을 돌리게 하셨다(빌 2:9-11).

예수님은 우주 만물의 주관자로서 세상을 다스리고 계신다. 그러므로 믿음의 사람들은 예수님의 통치가 이 세상에서 이루어지도록 중보기도해야 할 책임이 있다.

둘째, 예수님은 교회를 다스리고 계신다. 예수님은 교회의 머리가 되신다(엡 1:22-23). 이는 교회의 주인이 곧 예수님이라는 의미다. 교회는 성령님에 의해 세워졌고 예수님이 주인이 되시는 공동체다. 그러므로 건강한 교회는 예수님의 주권이 인정되는 곳이다. 목회자나 장로 혹은 개척한 성도들이 주인이 될 수 없다. 사탄은 사람이 주인 노릇하는 교회를 좋아하며 그런 교회를 다스린다. 그러나 예수님이 주인인 교회는 성령이 다스리신다. 그리고 하나님의 영광을 드러낸다. 모든 성도는 그리스도의 몸을 이루는 지체로서(고전 12:27) 서로 연합해야 하며(엡 2:22) 서로 섬김으로써 교회를 온전히 세워 가야 한다.

셋째, 예수님은 우리를 위하여 중보하고 계신다. 예수님은 이 땅의 모든 영혼이 당신이 십자가와 부활을 통해서 이루어 놓으신 구원에 이르기를 원하며 중보기도하신다(히 7:25). 왜냐하면 사람이 죄를 회개하지 않으면 하나님도 용서하실 수 없고 예수님을 믿지 않으면 구원하실 수 없기 때문이다. 그래서 예수님은 재림도 지연하시면서(벧후 3:9) 모든 인간이 구원에 이르도록 중보하고 계신다.

넷째, 예수님은 지금도 우리와 함께 계신다. 예수님이 우리와 함께하신다는 사실은 그분의 이름을 통해서 알 수 있다. 예수님은 임마누엘 하나님이시다(마 1:23). 그 이름은 비록 우리 눈에 보이지는 않지만 예수님이 믿는 자들과 함께하신다는 사실을 증거한다. 한편, 예수님이 우리와 함께하신다는 것은 그분이 주신 약속에서도 알 수 있다.

예수님이 승천 전에 하신 이 약속을 당시에 제자들은 이해하지 못했으나, 성령의 임재를 경험한 후 비로소 이 말씀의 의미를 이해할 수 있었다. 주님은 지금도 그분의 영이신 성령님으로 우리와 함께하신다.

그리스도인들은 예수님의 통치가 나라와 교회와 가정 안에서 이루어지도록 사명을 감당하며 살아야 한다. 다시 말해 자신이 있는 곳을 예수님의 통치가 이루어지는 하나님 나라로 만들어야 한다. 온 세상의 주인은 오직 한 분 그리스도뿐이다. 따라서 그분의 통치가 이루어지려면 위정자들이나 교회의 리더들, 가정의 가장들이 예수님의 주권을 인정해야 한다. 사람이 예수님 대신 주인 노릇하게 되면 하나님 나라는 결코 이루어질 수 없다. 나라와 교회와 가정마다 주인 노릇하는 사람 때문에 분란과 고통을 겪게 된다.

한편, 그리스도인은 예수님이 당부하신 대로 부활의 증인이 되어야 한다(행 2:32). 부활 신앙은 기독교의 중심 메시지다. 예수를 믿을 때 우리는 예수님과 함께 십자가에서 죄에 대하여 죽었고 또한 예수님과 함께 부활했다(롬 6:4-5). 영적으로 예수님과 함께 죽고 함께 살았기 때문에 구원이 가능했다. 그리고 부활 신앙으로 십자가라는 고난을 감당할 수 있다.

네 번째 만남: 예수를 믿으십시오

네 번째 만남에서는 예수님을 구체적으로 영접하는 시간을 갖는다. 예수님에 대하여 아는 것과 예수님을 믿는 것은 다르다. 예수님을 알기도 하고 믿기도 해야 한다.

하나님은 세상을 사랑하신다. 세상이란 하나님이 말씀으로 창조하신 세계(히 11:3)와 이 세상 사람들(요 3:16) 그리고 사탄이 지배하고 있는 타락한 세계(요일 5:19) 등을 말한다. 여기서 하나님이 사랑하시는 세상은 하나님이 지으신 세계와 이 세상 사람들이다. 하나님은 세상을 사랑하셔서 십자가에서 죽으시고 부활하시므로 믿는 자들을 구원하셨고 영생을 얻게 하셨다.

예수님이 십자가와 부활을 통해서 이루어 놓으신 구원은 믿을 때만 효력이 나타날 수 있다. 믿지 않으면 나와 아무 상관이 없다. 그렇다면 예수님을 믿으려면 구체적으로 어떻게 해야 할까?

첫째, 사도 요한은 예수님을 믿는 것을 예수님을 영접하는 것으로 설명하였다(요 1:12). 예수님을 나의 구세주로 영접하는 것이 곧 믿는 것이다. 문 밖에서 문을 두드리시는 예수님을 문을 열고 집으로 들어오시게 하는 것이 믿는 것이다(계 3:20). 믿으니까 영접하는 것이다. 믿지 못하면 결코 영접할 수 없다.

부부관계에서 이 영접의 의미를 해석해 볼 수 있다. 결혼한 부부는 서로를 자신의 배우자로 영접할 때 비로소 부부가 될 수 있다. 내 사람이라는 받아들임 없이는 결코 부부가 될 수 없다. 또한 사위나 며느리를 내 가족으로 받아들일 때 한 식구가 될 수 있다. 그런 점에서 영접은 전적인

왜 일대일 제자양육인가

신뢰를 전제한다.

둘째, 베드로는 회개하고 세례를 받으면 성령을 선물로 받을 것이라고 했다(행 2:38). 자신이 죄인임을 시인하고 죄를 회개하고 세례를 받으면 구원을 얻는다는 것이다. 다시 말하면 회개하고 죄 씻음을 받고 예수님을 믿어 구원을 얻으면 그 증표로서 물세례를 받는 것이다.

셋째, 사도 바울은 구원받는 방법을 더 구체적으로 설명하였다. 그에 의하면 입으로 시인하고 마음으로 믿는 구체적인 과정(롬 10:9-10)이 필요하다는 것이다. 즉 입으로 예수님은 나의 죄를 위하여 십자가에서 죽으시고 부활하셨다고 시인할 뿐만 아니라 마음으로도 그 사실을 믿을 때 구원을 얻게 된다. 사람은 말과 마음이 다를 수 있다. 말로는 좋다고 해 놓고 마음으로는 인정하지 않을 수 있다.

어떤 아내가 남편에게 "우리 동네에서 내가 제일 예쁘지요?"라고 물었다고 하자. 이때 남편이 아내보다 더 예쁜 여자가 여럿 있더라도 솔직히 말하면 아내가 상처받을까 봐, 또 가정의 평화를 위하여 "그렇다"고 대답할 수 있다. 입으로는 당신이 제일 예쁘다고 말해도 마음으로는 그것을 시인하지 않는 것이다.

이와 비슷한 상황이 세례문답 시간에 연출될 수 있다. 세례받기 위해 나온 지체들에게 예수님을 자신의 구세주로 믿느냐는 질문을 하면, 대부분은 마음으로도 입으로도 "예"라고 대답하지만, 더러는 아직 마음으로는 믿지 못하지만 입으로는 "예"라고 말하는 사람이 있다. 이유는 각자 다를 것이다. 질문하는 목사가 무안할까 봐일 수도 있고 결혼이나 취업 조건에 세례가 포함되어서일 수도 있다.

분명한 것은, 세례는 예수님을 구세주로 영접한 사람들이 그 증표로서 받는 예식이지 세례를 받음으로써 구원을 얻는 것은 아니다. 입으로 고백하는 사실이 마음으로도 믿어질 때 구원을 얻을 수 있다.

구원을 얻는 과정을 다시 한 번 요약하면 이렇다.

믿음의 대상은 예수 그리스도다. 믿는 내용은 예수님의 십자가 죽음과 부활이다. 그것이 나로 인한 사건임을 믿는 것이다. 믿는 방법은 입으로 시인하고 마음으로 믿는 것이다.

구원을 얻으면 나타나는 변화

예수님을 믿고 구원을 얻으면 다음과 같은 변화가 일어난다.

먼저, 호적이 바뀐다.

구원받기 전에 우리는 죄의 종이었으나(롬 6:17) 지금은 의의 종이 되었다(롬 6:18, 22). 전에는 사탄의 종 노릇하면서 살았으나 지금은 하나님의 종으로 자유하면서 살게 되었다. 전에는 영벌을 받을 자로 살았으나 지금은 영생을 얻게 되었다(요 5:24).

둘째, 신분이 바뀐다.

구원받기 전에 우리는 마귀의 자녀였으나(요 8:44) 지금은 하나님의 자녀가 되었다(요 1:12, 요일 3:2). 전에는 어두움의 자식으로서 온갖 고통과 억압 속에서 살았으나 지금은 빛의 자녀로서 온갖 좋은 것들을 누리면서 살게 되었다.

셋째, 삶의 리더가 바뀐다.

구원받기 전에는 악한 영의 인도를 받으며 살았으나(엡 2:2) 지금은 성령의 인도를 받으며 살게 되었다(갈 5:18). 전에는 불순종의 영을 따라 세상 풍속을 좇고 허물과 죄 가운데 살았으나 지금은 성령을 따라 성령의 열매를 맺으며 살게 되었다.

마지막으로 상태가 달라진다.

구원받기 전에는 죽은 자였으나(엡 2:1) 지금은 산 자가 되었다(엡 2:5). 사망에서 생명으로 옮겨진 것이다(요 5:24). 전에는 육적으로는 살고 영적으로는 죽은 자였으나, 지금은 육과 영이 모두 산 자가 되었다. 즉 예수를 믿고 구원을 얻으면 사망에서 생명으로 옮겨지고 영생을 얻으며 심판에 이르지 않게 된다.

어디까지가 영적 성장인가

육신의 삶에 성장 과정이 있듯이 영적인 삶에도 성장 과정이 있다.

영적인 삶의 첫 단계는 죽음의 단계다. 누구든지 구원을 얻기 전에는 허물과 죄 때문에 영적으로 죽어 있다(엡 2:1). 육신은 살아 있으나 영은 죽은 것이다.

두 번째 단계는 거듭남의 단계다. 어느 순간 예수님을 믿고 구원을 얻는 것으로, 이를 '중생했다' 혹은 '거듭났다'라고 말한다(요 3:3). 죽음에서 새 생명으로 다시 태어난 것이다. 첫 번째 출생은 육신으로 태어난 것이고 두 번째 출생은 영적으로 태어난 것이다.

세 번째 단계는 어린아이 단계다. 이때는 나이와 상관없이 영적으로 아기와 같은 상태다(벧전 2:2). 세상적인 지식이 아무리 많아도 이때는 영적으로 어린 아기에 불과하다. 그렇기에 신령하고 순전한 젖 곧 하나님의 말씀을 사모하고 먹음으로써 자라야 한다. 아기가 엄마 젖을 충분히 먹지 못하면 성장할 수 없듯이 하나님의 말씀을 먹지 않으면 영적으로 성장할 수 없다. 그런데 이 단계에서 먹어야 하는 말씀이란 성경적으로 신앙의 틀을 잡아 주는 일대일 제자양육과 같은 것을 말한다. 구원의 확신, 하나님의 말씀, 예배, 교회 생활, 경건한 생활 습관 등과 같은 신앙의 기초를 확립해야 하는 것이다. 이때 신앙의 기초를 확립하지 않으면, 교회 생활을 아무리 오래해도 영적으로는 유아기에서 벗어나지 못하게 된다(히 5:12-13). 하나님의 뜻을 분별할 줄 모르는 영적인 성인 아기가 교회 안에 많다는 것은 참으로 안타까운 일이다.

네 번째 단계는 성인 단계다. 기초 신앙이 분명하게 세워진 사람은 지속적인 훈련 과정을 거치면서 점점 성장하여 영적으로 성인에 이르게 된다. 영적 성인은 단단한 식물을 소화할 수 있는 상태를 말한다(히 5:14). 다시 말해 고난을 감당할 수 있는 믿음이 분명하고 하나님의 뜻과 사람의 뜻을 분별할 수 있는 능력을 갖춘 상태를 말한다. 선과 악을 분별할 수 있기 때문에 쉽게 사탄의 시험에 넘어지지 않는다. 고난을 통해서 더 성숙한 그리스도인으로 성장한다. 매사에 자기의 유익보다 공동체에 덕을 세우기 좋아하고 하나님께 영광 돌리는 것을 기뻐한다. 삶의 우선순위가 하나님으로 분명하게 세워지게 된다.

다섯 번째는 노인 단계다. 영적 성인의 단계라고 해서 완전한 성숙에 이른 것은 아니다. 더 성장하여 성숙의 단계까지 도달해야 한다. 비록 겉사람 즉 육신은 세월에 따라 쇠퇴하지만 속사람은 오히려 날마다 강건하고 새로워져야 한다. 성숙의 단계에 이른 사람은 누구보다도 하나님 나라의 소망이 확고하다. 그래서 더 이상 세상의 것에 얽매이지 않게 된다. 그리고 삶을 종합적으로 볼 수 있는 지혜가 충만해서 가정과 교회 공동체 안에서 많은 유익을 끼치게 된다.

왜 일대일 제자양육인가

신앙은 거듭난 때부터 그리스도를 닮을 때까지 중단 없이 성장해야 한다. 영적 성장은 평생 해야 하는 삶의 여정이다.

그런데 한 사람의 구원은 개인을 넘어서 가정과 이웃과 사회에까지 영향을 끼치게 된다. 한 사람이 예수를 믿으면 그가 구원의 통로가 되어 온 가족이 구원을 얻게 된다(행 16:31). 며느리 때문에 시댁의 온 가족이 예수를 믿게 되기도 하고, 배우자 때문에 예수를 믿게 되기도 하며, 자녀 때문에 온 집이 예수를 믿게 되기도 한다.

구원의 영향력은 이웃에게도 나타난다. 하나님의 사랑을 입은 자들이 그 사랑으로 이웃을 사랑함으로써(요일 4:11) 이웃이 구원에 이르게 된다. 또한 구원받은 백성이 사회에서 빛과 소금의 역할을 감당함으로써(마 5:13-16) 많은 사람들을 구원에 이르게 한다. 직장 동료나 상사의 훌륭한 모습을 보고 저런 분이 믿는 하나님이라면 나도 믿어 보고 싶어서 교회에 왔다는 사람이 종종 있다.

구원받은 사람은 하나님의 자녀일 뿐만 아니라 하나님의 백성(벧전 2:9)이다. 그러므로 구원받은 사람은 그리스도 안에서 한 지체다(롬 12:5). 그들이 교회 안에서 은사를 따라 섬김으로써 그리스도의 몸인 교회를 온전히 세워 가게 된다(엡 2:21)

이렇게 예수님을 믿어 구원에 이른 사람은 예수님을 영접하는 기도를 하게 된다. 이미 구원받은 사람은 확인 차원에서, 처음 믿는 사람은 예수님을 영접하기 위해서 영접기도를 한다. 다음과 같이 예수님을 영접하는 기도를 하고 마무리한다. 양육자가 먼저 한 문장씩 기도하고 동반자가 따라서 기도하면 된다.

"주 예수님! 저는 죄인입니다. 예수님께서 저를 죄에서 구원하시려고 십자가에서 죽으시고 부활하셨음을 믿습니다. 이제부터 제 안에 들어오셔서 저의 구세주가 되어 주시고 또한 저의 주인이 되어 주십시오. 예수님의 이름으로 기도합니다. 아멘!"

7장

교제:
큐티의 이론과 실제

일대일 제자양육 교재에 큐티가 소개된 것은 그만큼 큐티와 일대일의 관계가 밀접하다는 것을 의미한다. 큐티 없는 일대일은 불가능하다. 양육자와 동반자를 영적인 관계 안에 머물게 하는 것은 바로 말씀을 나누는 큐티이기 때문이다.

큐티(Quiet Time)란 매일 살아 계신 하나님의 말씀을 묵상하면서 하나님과 교제하는 시간을 말한다. 큐티의 롤모델을 찾는다면 신약성경에서는 예수님을, 구약성경에서는 다윗을 꼽을 수 있다.

먼저 예수님의 삶을 살펴보자. 예수님은 회당에서 가르치시고 천국 복음을 전파하시며 백성의 모든 병과 약한 것을 고치시느라 하루하루 몹시 고단하셨다(마 4:23). 현대인들이 아무리 바쁘게 산다고 해도 예수님보다 더 바쁘게 사는 사람은 없을 것이다. 그분은 매우 바쁘게 그리고 많은 일을 감당하면서 하루하루를 사셨다. 그런데 그분의 생활에서 주목할 것은 그 바쁜 중에도 규칙적으로 아버지와 교제하는 시간을 가지셨다는 것이다(눅 5:15-16, 막 1:35). 주님은 일로써 아버지를 만나려 하지 않으셨다. 그분의 우선순위는 해야 할 일보다 아버지와의 교제에 있었다. 아버지와 일대일의 만남이 가장 중요했다. 그분이 많은 일을 소화하는 데 필요한 에너지는 바로 이 시간에 충전되었다.

다윗은 아침마다 하나님을 대면하는 사람이었다. 그는 아침마다 기도하는 시간을 가졌다. 그런데 그는 기도만 하지 않았다. 자신이 기도한 내용에 대한 하나님의 응답을 기다리면서 하루를 보냈다(시 5:3). 그리고 아침에 주의 말씀을 묵상하고 그 말씀 속에서 하루를 사는 법을 배웠다. 다시 말해 하나님의 뜻대로 살려고 노력했다(시 143:8). 다윗이 아침마다 이러한 시간을 가진 것은 하나님과 인격적인 만남을 가장 소중한 일로 여겼기 때문이다. 그 결과 다윗은 하나님의 마음에 합한 자로 평생을 살아갈 수 있었다. 그는 말씀과 기도를 통해서 하나님과 교제하는 시간을 즐기는 그리스도인이었다.

큐티를 해야 하는 이유

그리스도인이 큐티를 해야 하는 이유는 **첫째, 기독교는 말씀과 순종의 종교이기 때문이다.** 기독교는 도를 닦거나 제사 중심의 종교가 아니다. 기독교는 말씀의 종교다. 그러므로 살아 계신 하나님의 말씀이 신앙생활의 중심이 되어야 한다. 또한 성경은 기록된 말씀이지만 하나님을 만나는 장소다. 하나님은 성경을 통해서 우리에게 말씀하신다. 말씀을 묵상할 때 하나님과 진정한 교제가 이루어진다. 그리고 그리스도인의

왜 일대일 제자양육인가

삶의 자리는 하나님의 말씀을 묵상하고 실천하는 장이 되어야 한다(《큐티와 신앙》, 두란노, p.89-95 참조).

둘째, 성경적으로 사고할 수 있기 때문이다. 그리스도인은 세상의 가치관을 따라 사는 자들이 아니다. 성경이 제시하고 있는 가치관을 따라 살아야 한다. 무엇인가를 선택하고 결정해야 할 때 신앙적 사고가 필요하다. 성경적으로 옳고 그름이 무엇인지를 판단할 줄 알아야 한다. 그러나 성경적 사고는 저절로 생기는 것이 아니다. 깊은 묵상이 지속될 때 자연스럽게 형성되는 것이다. 그리고 성경적으로 판단하고 결정하는 것이 곧 하나님의 인도하심을 따라 사는 것이다(시 119:105, 133).

셋째, 성숙한 신앙생활을 할 수 있기 때문이다. 신앙이 성숙하다는 말은 하나님의 뜻을 알고 교회와 가정과 직장에서 그 뜻대로 순종하며 사는 것을 의미한다. 그리고 하나님의 뜻은 말씀을 묵상할 때 깨닫게 된다. 또한 깊은 묵상은 하나님의 뜻을 자신의 비전으로 품게 해준다. 큐티는 기도 생활도 성숙하게 해준다. 그리스도인들이 평생 해야 하는 것이 기도다. 그런데 기도는 아버지의 뜻대로 구해야만 응답될 수 있다(요일 5:14-15). 묵상은 하나님의 뜻에 합당한 기도가 무엇인지를 알게 해준다.

이상에서 본 바와 같이 큐티는 예수님의 제자가 되는 데 필수품이다. 큐티에서는 말씀을 묵상하고 적용하는 것이 가장 중요하다. 본문을 묵상할 때 다음과 같은 내용을 참고하면 도움이 될 수 있다.

성경은 네 가지 형식의 문장으로 구성되어 있다(《큐티 사랑》, 두란노, p.127-143).

첫째는 이야기 형식이다. 구약성경의 창세기부터 에스더까지, 신약성경의 사복음서와 사도행전이 이에 해당한다. 이야기 형식에서는 공통적으로 벌어진 상황, 등장인물들이 취한 언행 그리고 결과가 나타난다.

창세기 3장을 예로 들어 보면, 뱀으로 가장해서 아담 부부를 찾아온 사탄의 유혹이라는 상황, 그 유혹에 미혹되어 아담 부부가 취한 행동, 그로 인한 죄와 사망이라는 결과가 나타난다. 이때 우리가 묵상할 것은 벌어진 상황과 등장인물이 취한 행동, 그리고 그 결과를 통해서 하나님이 말씀하시고자 하는 의미를 발견하는 것이다. 하나님은 스토리와 인물의 언행을 통해서 묵상하는 우리에게 말씀하신다. 이야기 본문을 묵상하는 것은 다른 형식의 본문을 묵상하는 것보다 비교적 쉽다.

둘째는 시와 노래 형식이다. 욥기와 시편, 잠언, 전도서, 아가서가 이에 해당한다. 이 다섯 권의 책은 하나의 문맥으로 이어져 있다.

욥기에서는 그리스도인의 삶에는 반드시 고난이 있다는 것을 배우게 된다. 시편에서는 고난당한 자가 해야 할 일은 찬송하고 감사하며 기도하는 것임을 알려 준다. 잠언에서는 고난 중에 있는 자가 찬송하고 감사하며 기도하면 하나님께서 지혜를 주셔서 올바른 선택과 결정을 하게 된다는 것을 알려 준다. 전도서에서는 지혜를 얻어서 올바른 선택과 결정을 하게 되면 인생을 결코 헛되게 살지 않게 된다는 것을 배우게 된다. 아가서에서는 인생을 헛되게 살지 않으니 하나님과 깊은 사랑의 관계 안에 머물게 되는 것을 깨닫게 된다.

시가서는 어렵지 않게 단어와 구절을 묵상하면서 하나님의 음성을 들을 수 있다. 특히 그리스도인으로서 살아가는 데 필요한 지혜를 얻을 수 있다.

셋째는 예언서 형식이다. 예언서는 성도들이 가장 어려워하는 본문이다. 그러나 예언서의 구조를 알면 묵상하는 데 도움이 될 것이다.

왜 일대일 제자양육인가

예언서는 모든 책이 그런 것은 아니지만 대부분 크게 세 가지 구조를 가지고 있다. 하나님이 지적하시는 이스라엘과 유다의 죄와 그 죄를 회개하지 않을 경우에 내리실 심판 그리고 회개했을 때 주시겠다는 회복의 내용이 그것이다. 여기서 묵상이란 하나님이 지적하시는 죄의 내용을 가지고 오늘 우리 시대의 죄를 보는 것이다. 그리고 하나님의 지적에도 불구하고 회개하지 않는 백성들의 불순종을 통해서 자신의 삶을 돌아보고, 회개했을 때 주시는 회복을 보면서 하나님의 마음을 발견하는 것이다. 특히 예언서를 묵상할 때 주의 깊게 보아야 할 것은 이스라엘의 회복을 약속하시면서 오실 메시아를 예언하고 있는 대목이다.

넷째는 편지 형식이다. 예언서가 기록된 목적이 있듯이 서신서도 쓰인 이유가 있다. 개인과 교회를 상대로 보내진 서신서도 세 가지 구조로 되어 있다. 편지를 받는 개인과 교회가 직면한 문제와 그 문제에 대한 해법 그리고 영적 성숙을 위하여 제안하는 내용이 그것이다.

갈라디아서를 예로 들면, 사도 바울은 1차 전도 여행 때 갈라디아 지방을 순회하면서 전도하였다. 바울은 구원은 율법을 행함으로써 얻는 것이 아니라 예수 그리스도를 믿음으로써 얻는 것이라고 가르쳤다. 많은 사람이 이 복음을 믿음으로써 구원을 얻었다. 그런데 바울이 떠난 이후 이단이 들어와 바울이 전한 복음을 부정하고 구원은 여전히 행위를 통해서 얻는 것이라고 전했다. 그러자 배교하는 자들이 나타났고 이 소식을 접한 바울은 안타까운 마음으로 편지를 써서 갈라디아 교회에 보냈다. 바울은 교인들이 더 이상 혼란을 겪지 않고 믿음 생활을 할 수 있도록 율법과 은혜, 믿음과 구원에 관한 내용을 자세히 기록하여 보냈다.

여기서 우리가 묵상할 것은 바울이 설명한 기독교 신앙의 핵심 내용과 그 의미, 새롭게 깨닫게 된 진리를 발견하는 것이다. 서신서는 한 단어 혹은 한 절을 통해서 주시는 말씀이 많다. 이것을 구절 묵상이라고 한다.

묵상은 본문 말씀에서 하나님이 어떤 분인가, 내가 회개할 죄는 무엇인가, 순종해야 할 말씀은 무엇인가, 붙잡아야 할 약속은 무엇인가, 본받아야 할 것은 무엇인가 등을 살펴보는 것이다.

그리고 적용은 묵상한 말씀을 삶에서 실천하는 것이다. 만약 큐티가 묵상으로만 끝난다면 성령의 역사나 말씀의 능력은 체험할 수 없다. 말씀은 적용할 때 능력이 된다. 적용이 있어야 변화가 일어난다. 그러므로 묵상한 말씀을 삶에서 구체적으로 그리고 실천 가능한 방법으로 적용해야 한다.

묵상한 말씀이 적용되는 범위는 매우 넓다. 말씀에 근거하여 자신의 가치관이나 세계관을 바꿀 수도 있고, 삶의 태도나 목적을 말씀을 따라서 바꿀 수도 있다. 뿐만 아니라 삶에서 직면하는 여러 상황들을 묵상한 말씀을 기준으로 대처할 수 있다.

묵상과 적용이 일상이 되면 성경적 가치관과 방법들이 자연스럽게 몸에 배게 된다. 그럴 때 하나님의 뜻에 합당한 선택과 결정을 하며 살아갈 수 있다. 한편, 가능하면 묵상하고 적용한 내용을 나눌 수 있는 모임에 참여하는 것이 좋다. 큐티를 할 수밖에 없는 환경을 만드는 것이 경건 생활을 지속하는 방법이 되기 때문이다.

8장

성장: 신앙의 틀을 만드는 10가지 주제

첫 번째 만남: 구원의 확신

일대일 양육 과정에서 가장 중요한 것은 예수님을 올바로 알고 믿어서 구원을 얻고 구원의 확신을 가지고 사는 것이다. 여기서는 앞에서 배운 예수님에 관한 내용을 다시 한 번 복습해 준다. 예수님은 온전한 인간이면서 참 하나님이시다. 예수님은 우리의 죄를 대속해 주시기 위하여 죄 없는 인간으로 오셨고 십자가에서 죽으시고 부활하셨다. 그리고 승천하신 후 지금은 하늘과 땅의 모든 권세를 가지고 이 세상을 다스리고 계신다. 또한 교회의 머리 즉 주인이 되신다.

특히 '구원의 확신'을 시작하기 전에 먼저 10가지 질문을 제시하고 동반자의 대답을 들어 보도록 한다. 구원과 관련된 내용을 분명하게 믿고 있는지를 확인하기 위함이다.

첫 번째 질문은 "당신은 예수를 믿습니까?"이다. 만약 "아니오"라고 대답한다면, 매우 드문 경우이긴 하지만 예수님에 관한 내용을 다시 복습해야 할 것이다. 그러나 "예"라고 대답한다면, 이어서 9가지 질문을 확인한다. 그런데 첫 문제에서 "예"라고 대답하면 나머지 질문들도 자동으로 "예"라고 대답하게 되어 있다. 왜냐하면 예수를 믿으면 우리 안에 그리스도가 계시므로 죄 사함을 받았고 하나님의 자녀가 되었기 때문이다. 따라서 영생과 구원을 얻음은 물론 언제 죽어도 천국을 가게 된다. 또한 성령을 받았고 거듭났다.

하지만 많은 동반자들이 "오늘 밤 죽는다면 천국에 가리라는 확신이 있습니까?"와 "멸망의 심판을 받지 않을 것을 확신합니까?"라는 질문에는 대답을 주저한다. 이 문제는 양육자의 자세한 설명을 통해서 해결할 수 있을 것이다. 그것은 예수를 믿으면 다 해결되는 문제이기 때문이다. 구원의 확신이 부족하면 고난을 겪거나 시험을 당할 때 실족하기 쉽다.

한편, 자신의 느낌이나 감정에 근거하여 구원 여부를 판단하는 사람도 있다. 가령 죄를 짓지 않고 살 때는 구원받은 것 같은데 죄를 지으면 구원받지 못한 것처럼 느끼는 것이다. 또 평안할 때는 구원받은 것 같은데 고난당할 때는 구원받지 못한 것 같다. 믿음이 좋다고 느낄 때는 구원받은 것 같은데 믿음이 좋지 않다고 느낄 때는 구원받지 못한 것 같다. 그러나 구원은 하나님의 약속의 말씀(사실)과 그 말씀에 대한 믿음으로 얻는 것이다. 다시 말해 예수를 믿으면 구원을 얻는다는 사실과 그 사실을 의지적으로 결단하면서 믿음으로 구원을 얻게 된다. 구원은 행위로 얻는 것이 아니라 믿음으로 얻는 것이다. 그리고 감정은 그 결과로서 사람마다 다양하게 경험되는 것뿐이다.

구원의 확신에서 가장 중요한 것은 구원받은 증거를 갖는 것이다. 이단 중에 구원파들은 불신자들보다 신자들을 대상으로 전도하면서 신자들에게 제일 먼저 구원을 받았는지를 물어본다. 그렇다고 대답하면 그 다음엔 언제 받았는지를 되묻는다. 그리스도인들 중에 자신이 구원받은 날과 시간을 기억하는 사람은 거의 없다. 구원파는 이 점을 노리고 파고든다. 구원받은 날과 시간을 대답하지 못하면 당신은 구원받은 것이 아니라면서 구원파의 논리를 따를 것을 요구하는 것이다.

이단의 공격을 받으면 대개 당황하게 되는데 이를 대비해 언제든지 분명하게 제시할 수 있는 구원의 증거를 가질 필요가 있다.

객관적 증거

구원받은 객관적 증거는 '말씀의 증거'라고도 한다. 모든 구원받은 사람들에게 공통적으로 적용되는 증거다.

첫 번째 구원의 증거는 하나님의 약속의 말씀이다. 영접하는 자 곧 예수님의 이름을 믿는 사람들에게는 하나님의 자녀가 되는 권세를 주신다는 약속(요 1:12), 예수님을 믿는 사람은 멸망하지 않고 영생을 얻는다는 약속(요 3:16), 예수님을 믿으면 구원을 얻는다는 약속(행 16:31), 예수님을 믿는 사람은 영원한 생명을 얻는다는 약속(요일 5:10-12) 등이 그것이다. 우리가 얻은 구원은 하나님의 약속의 말씀대로 예수님을 믿음으로 얻은 것이다.

두 번째 구원의 증거는 예수님의 사역이다. 예수님은 믿는 자들을 구원하기 위하여 이 땅에 오셨다(막 10:45). 예수님은 많은 사람의 죄를 담당하시려고 자신을 단번에 제물로 드리셨다(히 9:28). 예수님의 십자가와 부활은 믿는 자들을 구원하시기 위한 예수님의 사역이었다. 십자가는 우리가 구원받은 증거다. 하나님의 아들 안에서 우리는 구속 곧 죄 사함을 받았다(골 1:14).

세 번째 구원의 증거는 성령님의 인치심이다. 성령님은 복음을 듣고 예수님을 믿어서 얻은 구원을 인쳐 주신다(엡 1:13). 다시 말하면 성령님이 우리가 얻은 구원의 증인이시다. 또한 성령님은 우리가 하나님의 자녀인 것을 보증하시고(롬 8:16, 요일 3:24), 우리가 하나님의 소유임을 보증하신다(롬 8:17). 이와 같은 말씀의 증거 즉 객관적 증거를 보면 우리가 얻은 구원은 삼위일체 하나님의 합작품인 것을 알 수 있다.

주관적 증거

구원받은 주관적 증거는 '생활의 증거'라고도 한다. 구원받은 사람마다 나타나는 변화나 반응은 제각각이다.

첫 번째 증거는 주되심의 고백이다. 구원받기 전에는 내가 내 삶의 주인이었다. 그런데 구원받은 이후엔 예수님이 내 삶의 주인이 되신다. 예수님을 나의 주인으로 영접하는 일은 성령님에 의하지 않으면 불가능하다(고전 12:3). 다시 말해 구원을 얻지 못하면 예수님을 주인으로 절대로 모실 수가 없다. 그러므로 예수님을 주님으로 고백하고 사는 것은 구원받은 증거다.

두 번째 증거는 가치관의 변화다. 구원 얻기 전의 관심사와 얻은 후의 관심사가 달라진다. 구원 얻기 전에 좋아하던 것이 구원 후에 싫어지는가 하면 구원 전에 싫어하던 것을 구원 후에 좋아하게 되기도 한다. 이 변화는 달라진 가치관 때문이다. 구원받기 전에는 육신을 따라 사는 것이 전부였으나 구원을 얻은 후에는 성령을 따라 살게 되었기 때문이다(롬 8:5-6). 구원 얻기 전에는 자신에게 유익하다고 여기던 것이 구원 얻은 후에는 해로 여기는 가치관의 변화(빌 3:7-9)는 구원의 증거다. 구원 얻기 전에는 육신의 정욕과 안목의 정욕, 이생의 자랑을 추구하면서 살았지만(요일 2:16-17) 구원 얻은 후에는 하나님의 영광을 위해서 살게 된다(고전 10:31).

세 번째 증거는 삶의 변화다. 삶의 변화에는 성품과 행위의 변화가 있다. 구원받기 전에는 타고난 성품대로 살았으나 구원받은 후로 성령의 열매를 따라 살게 된다(갈 5:22-23). 성령의 열매란 예수님의 성품을 의미한다. 영적 성숙이란 곧 성령의 9가지 열매가 성품에서 나타나는 것을 의미한다. 이와 같은 성품의 변화가 구원 얻은 증거다. 예수 믿고 성품이 많이 달라졌다는 수많은 사람들의 간증은 구원 얻은 증거다.

행위도 달라진다. 구원 얻기 전에는 하나님의 말씀과 상관없이 저 하고 싶은 대로 살았으나, 구원 얻은 후에는 하나님의 말씀을 따라 살게 된다(요일 2:5-6). 이것이 구원받은 증거다.

두 번째 만남: 하나님의 속성

하나님의 속성(성품)을 아는 것은 신앙생활에서 매우 중요하다. 신앙 생활이란 하나님을 경험하면서 사는 여정이다. 다시 말하면 성경에서 알게 된 하나님을 생활 속에서 체험하면서 사는 것이다. 하나님을 아는 만큼 믿음이 성장하며 믿음의 세계가 넓어진다. 하나님을 아는 만큼 모든 상황과 환경에 얽매이지 않고 살 수 있다. 근심, 걱정, 염려, 두려움에 사로잡히지 않을 수 있다. 그리고 하나님의 뜻에 합당하게 생활할 수 있다.

선지자 호세아가 백성들을 향해 여호와를 힘써 알자고 권면했듯이(호 6:3, 6), 그리스도인은 하나님을 아는 지식이 자라야 한다(골 1:10). 하나님의 성품은 하나님만 가지고 계신 성품(비공유적 속성)과 하나님과 사람 모두에게 있는 성품(공유적 속성)으로 설명할 수 있다.

하나님께만 있는 성품(비공유적 속성)

• 하나님은 주권자이시다

하나님은 만물을 창조하셨을 뿐만 아니라 다스리시는 분이며 모든 것의 주인이시다. 그래서 사도 바울은 만물이 주께로부터 나오고 주로 말미암으며 주께로 돌아간다고 증거했다(롬 11:36). 다윗은 성전 건축을 위한 헌물식에서 하나님은 모든 것의 주인이시며 모든 것을 다스리시는 분이라고 기도하면서 하나님의 주권을 선포하였다(대상 29:11-12). 사도 요한은 하나님은 알파와 오메가요 처음과 나중이며 시작과 끝이라는 표현(계 1:8, 21:6, 22:13)으로 하나님의 주권을 증거했다. 하나님은 모든 것을 손수 만드셨고 그래서 이 모든 것은 하나님의 것이다(사 66:2).

그렇다면 주권자이신 하나님을 믿는 그리스도인은 어떻게 살아야 할 것인가?

첫째, 자신의 주권과 소유권이 하나님께 있음을 인정해야 한다. 다시 말하면 삶의 모든 것 즉 인생, 물질, 시간, 자녀 등의 주권을 하나님께 드려야 한다. 주권을 하나님께 맡긴 자는 청지기 신앙으로 살아가게 된다. 이들의 삶을 하나님이 다스리고 인도하신다.

자신의 삶에서 하나님의 주권이 인정될 때 하나님의 영광이 그 삶에서 나타난다. 어느 것 하나라도 내 것이라고 주장하는 순간부터 또 자신이 주인 노릇하는 순간부터 우리는 불신앙에 빠지게 되고 불행하게 될 것이다.

둘째, 하나님의 통치가 사회와 국가와 온 세상에서 이루어질 수 있도록 중보기도해야 한다. 그리고 복음이 증거되는 곳마다 하나님의 나라가 이루어지기 때문에 전도와 선교에 헌신해야 한다.

셋째, 하나님이 창조하신 세상이 잘 보존될 수 있도록 환경을 관리해야 한다(창 1:28). 오늘날 가장 큰 사회적 이슈는 환경 문제다. 환경을 잘 관리하지 않으면 미래에 어떤 재앙이 닥칠지 알 수 없다. 그러므로 넘치는 쓰레기, 과도한 플라스틱 사용, 오염된 공기 등 환경 문제에 관심을 가질 뿐 아니라 환경운동에 적극 참여해야 한다.

• 하나님은 영원하시다

하나님은 시작도 끝도 없으신 분이다. 하나님이 존재하지 않으신 때는 한순간도 없다. 하나님은 처음이고 마지막이시다(사 44:6). 하나님은 시간을 창조하셨지만 시간을 초월하여 역사하시는 분이며, 만세의 왕 곧 썩지 않고 보이지 않고 홀로 하나이신 분이다(딤전 1:17). 하나님은 과거에도 역사하셨고 지금도 역사하시며 미래에도 영원히 역사하실 것이다. 왜냐하면 그분은 어제나 오늘이나 영원토록 동일하신 분이기 때문이다(히 13:8).

그렇다면 영원하신 하나님을 믿는 그리스도인으로서 어떻게 살아야 할 것인가?

첫째, 하나님의 영원하심을 알 때 그분의 위대하심을 발견하게 되고 그 결과 자연스럽게 그분을 찬양할 수 있다. 시편은 하나님의 영원하심을 찬양하는 내용이 많다. 특히 하나님의 구원을 여러 차례 경험한 다윗은 "하나님의 사랑은 영원하다"라고 네 번씩이나 반복하여 찬양하면서(시 118:1-4) 우리도 이것을 선포하라고 권면한다.

둘째, 하나님이 영원하신 것처럼 하나님의 말씀도 영원하다(사 40:6-8). 그분의 말씀은 모든 시대를 넘어서 영원히 진리다. 그러므로 성경 말씀을 더욱 사랑하고 묵상하며 그 말씀을 따라 살아야 한다.

셋째, 하나님을 보는 시각을 넓게 가져야 한다. 과거에 구원해 주시고 사랑을 베푸시고 인도하신 하나님은 오늘도 미래에도 동일하게 역사하실 것을 믿고 기대하면서 살아야 한다. 그리고 영생에 대한 분명한 확신을 가지고 살아야 한다(요 3:16).

• 하나님은 전지하시다

하나님은 모든 것을 아시는 분이다(요일 3:20). 그분은 누구의 지도나 가르침, 교훈이 필요한 분이 아니다(사 40:12-14). 그분은 스스로 아시는 분이다. 다윗은 하나님은 그가 앉고 서는 것, 생각하는 것, 그가 다니는 길과 눕는 것은 물론 그가 하는 모든 일을 샅샅이 알고 계시며 심지어 자신이 무슨 말을 할지도 아시는 분(시 139:1-6)이라고 고백했다. 그러면서 모든 것을 아시는 하나님에 대하여 놀라움을 금치 못했다.

그렇다면 모든 것을 아시는 하나님을 믿는 그리스도인으로서 어떻게 살아야 할 것인가? 다윗의 모든 것을 아셨던 하나님은 나의 모든 것도 아시는 분이다. 심지어 나의 머리카락 수까지도 다 세고 계신다(마 10:30). 그러므로 두 가지를 기억할 필요가 있다.

첫째, 하나님은 나에 대한 관심이 매우 많으신 분이다. 나의 기쁨이 곧 하나님의 기쁨이 되고 나의 행복이 곧 하나님의 행복이 된다. 반대로 나의 아픔이 곧 하나님의 아픔이 된다. 그분이 나에 대하여 관심이 많으신 이유는 나를 사랑하기 때문이다. 그래서 나의 고난과 고통, 마음의 상처와 억울함, 속상함까지도 아신다. 그러므로 홀로 무거운 짐을 지거나 마음의 상처를 감당하지 않아도 된다. 그저 하나님께 털어놓고 의논하면 된다. 모든 형편을 아시는 하나님께서 충분히 상담해 주실 것이고 말씀을 통해서 위로와 격려도 주실 것이다(벧전 5:7).

둘째, 하나님은 우리가 죄를 짓거나 유혹당하는 것을 아신다. 이 사실을 기억할 때 죄를 덜 짓게 되고 유혹도 이기게 된다. 하나님이 나에 대하여 관심이 많으시고 나의 모든 것을 아신다는 사실은 놀라운 일이다. 왜냐하면 이 세상에 하나님과 같은 분이 없기 때문이다.

• 하나님은 모든 곳에 계신다

하나님은 무소부재하신 분이다. 그분은 시간과 공간을 초월하여 존재하신다. 그분은 온 우주에 충만하시다. 그러므로 하나님을 피할 자는 아무도 없다(렘 23:24). 하나님이 전지하신 분임을 알고 놀랐던 다윗은 하나님이 무소부재하신 분이라는 사실을 알고 또 한 번 놀랐다. 그는 "내가 주의 영을 떠나 어디로 가며 주의 앞에서 어디로 피하리이까 내가 하늘에 올라갈지라도 거기 계시며 스올에 내 자리를 펼지라도 거기 계시니이다"(시 139:7-8)라고 고백했다.

그렇다면 무소부재하신 하나님을 믿는 그리스도인으로서 어떻게 살아야 할 것인가?

첫째, 두려움과 불안으로부터 자유해야 한다. 하나님은 내 모든 형편을 아실 뿐만 아니라 내가 처한 모든 상황에 늘 함께하시기 때문이다. 그분은 임마누엘 하나님이시다. 오로지 혼자라는 사실이 두려움을 일으킨다. 하나님이 늘 함께하신다는 사실을 아는 사람은 환경이나 문제에 얽매이지 않게 된다.

> 네가 물 가운데로 지날 때에 내가 너와 함께할 것이라 강을 건널 때에 물이 너를 침몰하지 못할 것이며 네가 불 가운데로 지날 때에 타지도 아니할 것이요 불꽃이 너를 사르지도 못하리니 **사 43:2**

둘째, 우리가 시험이나 유혹을 당하는 순간에도 하나님은 우리와 함께하신다는 사실을 잊지 말아야 한다. 그것도 불꽃 같은 눈으로 지켜보신다. 그분의 눈을 누가 피할 수 있겠는가?

셋째, 삶의 모든 자리가 예배의 자리가 되어야 한다. 하나님은 예루살렘 성전이나 교회처럼 어떤 건물 안에 갇히시는 분이 아니다. 그러므로 어느 곳에 있든지 그곳이 예배의 자리가 되어야 하고 하나님의 손길을 느낄 수 있어야 한다.

• 하나님은 전능하시다

하나님은 위대하시고 능력이 크시며 통찰력이 한이 없으신 분이다 (시 147:5). 그분은 못하실 것이 하나도 없으므로 누구의 도움이 필요하지 않다. 그분은 스스로 있는 분이다(I am who I am, 출 3:14). 하나님은 전능하신 능력으로 만물을 창조하셨고 보전하시며 다스리신다. 그리고 그 능력으로 택하신 백성들을 구원하셨을 뿐만 아니라(신 4:34) 먹이시고 입히시고 보호하시며 인도하신다(신 8:2-4). 하나님은 우리가 구하고 기대하는 것 이상으로 역사하시는 분이다(엡 3:20). 그분의 능력은 우리의 상상을 초월한다.

하나님의 능력의 위대하심은 예수님에게서 발견할 수 있다. 하나님이 인간의 모습으로 이 땅에 오신 것과 그리스도를 죽은 자들 가운데서 살리신 일 그리고 그리스도를 당신의 오른 편에 앉히셔서 모든 권력과 권세와 권능과 주권을 주시고 모든 이름 위에 뛰어나게 하시며 만물을 다스리게 하신 것(엡 1:20-22)은 그분의 능력의 극치를 보여 준다.

그렇다면 전능하신 하나님을 믿는 그리스도인으로서 어떻게 살아야 할 것인가?

첫째, 하나님의 능력을 의지하면서 살아야 한다. 그런데 그분의 능력은 믿음을 통해서 우리에게 나타난다. 믿음이 없으면 하나님을 기쁘시게 할 수도 없고(히 11:6), 그분의 능력을 체험할 수도 없다. "네 믿음대로 될지어다" "네 믿음이 너를 구원했다"는 예수님이 병자를 고치면서 즐겨

하신 말씀이다. 오직 믿음 앞에는 능치 못함이 없다.

도울 힘이 없는 왕이나 사람을 의지하지 말라. 그들에게는 도울 힘이 없다(시 146:3). 오직 하나님께 도움을 구하는 자들이 복이 있다(시 146:5). 예수님과 함께 있으면서도 죽을 것을 염려했던 제자들처럼 살지 말고(눅 8:24-25) 사도 바울처럼 내게 능력 주시는 자 안에서 나는 모든 것을 할 수 있다(빌 4:13)는 믿음을 가지고 살아야 한다.

둘째, 믿음은 훈련을 통해서 성장한다는 것을 기억해야 한다. 믿음의 성숙도는 위기를 당했을 때 보이는 반응을 통해서 평가된다. 시험을 당할 때마다 넘어지면 믿음은 성숙해지지 못한다. 믿음으로 고난을 이기는 과정이 반복되면서 믿음은 성숙해진다. 그러므로 삶에서 직면하는 모든 고난은 믿음을 성장시키는 기회로 삼으라. 믿음이 성숙하면 성숙할수록 하나님의 능력을 체험하게 되고 그만큼 삶은 풍성해질 것이다.

• 하나님은 변치 않으신다

하나님은 한결같은 분이며 그분의 날은 끝이 없다(시 102:27). 그분은 변함도 없고 회전하는 그림자도 없다(약 1:17). 모든 피조물은 시작과 끝이 있으나 하나님은 시작도 끝도 없다. 그분은 영원 전부터 영원까지 하나님으로서 존재하신다. 하나님은 사람이 아니므로 변덕스럽지 않고 마음을 좀처럼 바꾸시지 않는다. 그분은 말씀하신 대로 행하는 분이며 하신 약속은 반드시 지키시는 분이다(민 23:19). 하나님은 거짓을 말하지 않으신다(삼상 15:29).

나 여호와는 변하지 아니하나니 그러므로 야곱의 자손들아 너희가 소멸되지 이렇듯 불변하는 하나님을 믿는 그리스도인으로서 어떻게 살아야 할 것인가?

첫째, 구원의 확신을 가지고 살아야 한다. 예수님을 믿고 얻은 구원은 취소되는 법이 없다. 나를 향하신 사랑도 취소되는 법이 없다(롬 8:35-39). 하나님의 선택과 결정은 후회도 없고 변함도 없다. 그래서 그분은 우리가 신뢰하기에 충분한 온전하신 분이다. 그분은 우리를 실망시킨 적이 없다. 그러므로 구원의 확신을 가지고 살아야 한다.

둘째, 하나님에 대한 우리의 태도 역시 변함이 없어야 한다. 하나님이 변함없이 우리를 사랑하시듯 우리도 변함없이 하나님을 사랑해야 한다. 하나님이 우리에게 한결같으시듯 우리도 하나님께 대하여 한결같아야 한다. 고난 중에 하나님을 의지하며 기도했다면 평안할 때도 동일한 태도로 그분을 의지하며 기도해야 한다. 하나님을 사랑하여 교회를 섬겼다면 어떤 고난과 시험이 있어도 책임을 다할 때까지 섬겨야 한다.

하나님과 사람 모두에게 있는 성품(공유적 속성)

사람은 하나님의 형상을 따라 창조되었다. 그리고 그 형상이란 하나님의 인격과 성품을 의미한다. 하나님이 사람을 당신의 형상을 따라 창조하신 이유는 사람과 인격적으로 교제하길 원하시기 때문이다. 그리고 우리가 하나님을 닮은 존재로 살길 원하시기 때문이다. 이런 점을 놓고 볼 때 사람은 하나님의 걸작품임에 틀림없다. 그러나 사람은 죄로 인하여 하나님이 만들어 주신 성품을 잃어버리고 말았다. 다행히 예수님으로 인해 그 성품을 회복할 길이 열렸다. 사람이 회복해야 할 하나님의 성품 네 가지를 살펴보고자 한다.

• 하나님은 인자하신 분이다

하나님은 사랑이시다(요일 4:8). 그분은 사랑이 풍성하신 분이다. 그분은 조건 없이 우리를 사랑하신다(요 3:16). 그래서 그 사랑을 '불구하고도 사랑'이라고 부른다. 사랑받을 조건이 없음에도 불구하고 사랑하시기 때문이다. 우리가 아직 연약했고(롬 5:6), 하나님과 원수되었음에도 불구하고(롬 5:10) 그리스도께서 우리를 위해 죽으심으로 구원을 얻도록 하셨다. 그분의 사랑은 '먼저 사랑'이다. 우리가 먼저 하나님을 사랑한 것이 아니라 그분이 먼저 우리를 사랑하셔서(요일 4:10) 관계 회복이 이루어질 수 있었다. 하나님의 사랑은 '행동하는 사랑'이다. 그분은 말로만 사랑하지 않고 행동으로 사랑을 보여 주셨다. 우리가 아직 죄인되었을 때에 그리스도께서 우리를 위하여 죽으심으로 하나님께서 우리에 대한 사랑을 확증해 주셨다(롬 5:8).

그렇다면 하나님의 사랑을 입은 자로서 어떻게 살아야 할 것인가?

첫째, 타인을 사랑해야 한다(요일 4:11). 이웃을 사랑하는 것은 하나님께 빚진 사랑을 갚는 것이다. 하나님을 사랑한다면서 이웃을 사랑하지 못하는 것은 잘못된 사랑이다. 하나님을 사랑하는 사람은 반드시 사람도 사랑하게 되어 있다. 그것이 하나님 사랑의 속성이다. 예수님도 우리가 서로 사랑할 것을 새 계명으로 주셨다(요 13:34-35). 그런데 이 사랑은 이웃을 넘어 원수까지여야 한다. 이 사랑의 힘은 하나님께로부터 온다. 우리가 하나님의 사랑을 덧입어야만 그 사랑으로 이웃을 사랑할 수 있다.

둘째, 하나님을 사랑한다면 그분의 몸인 교회를 섬겨야 한다. 사랑은 자원하는 마음과 섬기는 마음을 갖게 해준다. 그러므로 교회를 섬기는 것은 하나님께 받은 은혜와 사랑을 갚는 것이다. 사랑을 잘하는 것은 하나님의 성품을 가장 잘 닮는 것이다.

• 하나님은 성실하신 분이다

하나님은 언제나 진실하시다(시 119:90). 그분은 모든 일에 거짓이 없으며(딛 1:2) 매사에 신실하신 분이다. 그분의 사랑은 끝이 없고 그분의 자비는 무궁하며 성실하심이 크시다(애 3:22-23). 우리는 그분의 성실하심 덕분에 변함없는 사랑을 받을 수 있게 되었고 그분의 말씀을 의심없이 믿고 따를 수 있게 되었다. 만약 하나님이 변덕스러운 분이었다면 우리의 구원은 보장될 수 없으며, 그분이 불성실한 분이었다면 그분을 믿고 따르다가 상처받는 사람이 많았을 것이다. 그러나 하나님은 하나님으로서의 사명을 신실하게 감당하고 계신 분이다.

그렇다면 성실하신 하나님을 믿는 자로서 어떻게 살아야 할 것인가?

먼저, 하나님께 대한 자신의 태도를 점검할 필요가 있다. 하나님의 성실하심에 견주었을 때 나는 어떠한가? 하나님을 신뢰, 사랑, 예배하는 일에 성실했는가? 그리고 그분의 말씀을 묵상하는 일을 얼마나 신실하게 수행하고 있는가?

둘째, 맡겨진 일을 성실하게 감당해야 한다. 하나님을 닮은 그리스도인은 그분이 신실하시듯이 매사에 책임 의식을 가지고 감당한다. 부모의 사명, 직장인의 사명을 책임 있게 감당하는 것이다. 교회에서 맡은 일도 성실하게 감당해야 한다(고전 4:2).

한편, 그리스도인은 정직해야 한다. 만약 그리스도인이 신뢰를 잃어버리면 모든 것을 잃게 될 것이다. 정직하고 성실한 것이 빛으로 사는 일이며(빌 2:15), 하나님께 영광 돌리는 일이다. 빛의 열매는 모든 착함과 의로움과 진실함에 있는 법이다(엡 5:9).

• 하나님은 의로우신 분이다

하나님은 본질상 거룩하신 분이다. 모세는 이 세상에 하나님보다 거룩한 존재는 없다고 찬양했다(출 15:11). 거룩하신 하나님은 의로우실 수밖에 없다. 그분이 하시는 일은 완벽하며 모든 길이 올바르고, 잘못하는 일이 없으며 매사에 의로우시고 정직하시다(신 32:4). 하나님은 의로우시기 때문에 모든 판단도 올바르게 하신다. 그분의 판단은 어그러짐이 없다. 그래서 하나님은 불의한 자들을 당신의 의로 판단하시고 심판하신다. 그분의 의로우신 성품은 불의를 용납하지 못하며 불의한 자들의 악행은 반드시 심판하신다.

십자가는 하나님의 의를 잘 보여 준다. 의로우신 하나님은 죄를 용납하실 수 없다. 그분의 성품상 죄는 반드시 심판해야 한다. 그래서 당신 자신이 십자가에서 죽으셨다. 다윗은 그런 하나님을 공정한 재판장이라고 선포하였다(시 7:11). 하나님은 세상을 의로 다스리신다. 그분의 통치에는 불의가 없다.

그렇다면 의로우신 하나님을 믿는 그리스도인으로서 어떻게 살아야 할 것인가?

하나님과 올바른 관계를 가져야 한다. 하나님과 올바른 관계를 가지려면 믿음과 순종이 필요하다. 믿음은 하나님과 올바른 관계를 맺는 길이고 순종은 좋은 관계를 유지하는 방법이다.

아브라함은 하나님을 믿음으로 의롭게 되었다(창 15:6). 의롭게 되었다는 것은 하나님과 올바른 관계가 형성되었다는 의미다. 그리고 말씀대로 순종하므로 하나님과 좋은 관계를 유지할 수 있었다(신 6:25). 우리가 우상을 섬기지 않고 오직 하나님만 믿을 때 그리고 일상생활에서 매사에 그분의 말씀을 따라 살 때 하나님과 좋은 관계가 유지된다. 그래서 하나님은 우리의 하나님이 되시고 우리는 그분의 백성이 된다(겔 11:20). 그러므로 매일 말씀을 묵상하고 그 말씀을 적용함으로써 우리의 일상이 하나님의 의를 이루는 삶이 되어야 한다. 거룩하신 하나님은 우리도 거룩하길 원하신다(레 11:44-45, 벧전 1:15-16). 우리가 말씀대로 순종하여 하나님의 의가 이루어질 때 거룩은 그 결과로 나타나는 것이다.

• 하나님은 공의로우신 분이다

하나님은 공의의 하나님이시다(사 30:18). 그분은 모든 일을 공명정대하게 행하신다. 하나님은 성품상 불의하거나 불공평하게 처리하실 수 없다. 그분에게는 오직 정의와 공의만 있다. 그래서 불경건한 것과 불의한 것들을 심판하실 수밖에 없다(롬 1:18). 이러한 이유 때문에 하나님은 당신의 백성들에게 정의를 왜곡하거나 편견을 가지지 말고 뇌물도 받지말며 정의를 따르라고 강조하셨다(신 16:19-20). 그리고 항상 의를 행하는 사람은 복이 있다고 하셨으며(시 106:3), 공의에 맞게 행동하라고 경고하셨다(미 6:8).

그렇다면 공의로우신 하나님을 믿는 그리스도인으로서 어떻게 살아야 하는가?

하나님만을 하나님으로 믿을 때 그분과 올바른 관계가 형성되고 그분의 말씀대로 순종할 때 좋은 관계가 유지된다. 그리고 그분의 말씀을 순종하면서 살게 되면 타인과의 관계도 올바르게 맺어진다. 그러면 하나님의 공의가 삶에서 실천되는 것이다. 하나님은 제사를 드리는 것보다 공의와 정의를 행하는 것을 더 기뻐하신다(잠 21:3). 그리고 정의가 물같이 공의가 마르지 않는 강같이 흐르기를 원하신다(암 5:24).

다윗은 정의와 공의의 통치를 하였다(삼하 8:15). 그는 말씀대로 순종하므로 자연스럽게 하나님과 올바른 관계를 가질 수 있었고 그 결과 정의와 공의의 통치를 함으로써 백성들과 좋은 관계를 가질 수 있었다. 그리스도인은 불법, 편법, 부정직, 속임, 뇌물 등과는 거리가 멀어야 한다. 그리스도인들은 매사를 정의롭고 공평하게 처리하면서 살아야 한다. 그것이 이 땅에서 하나님의 정의와 공의가 흐르게 하는 방법이다.

삼위일체 하나님

삼위일체라는 용어는 성경에 기록되어 있지 않다. 그러나 하나님은 성부 성자 성령, 삼위일체의 하나님이시다. 삼위일체 신앙은 성경 안에서 발견되는 것이다. 예를 들면, 창세기 1장 1절에는 "태초에 하나님이 천지를 창조하셨느니라"라고 기록되어 있다. 여기서 하나님은 히브리어로 엘로힘(Elohim)인데 복수로 쓰였다. 고유명사가 복수로 표현되는 경우는 없다. 이것은 하나님께만 붙여지는 거룩한 복수로서 삼위일체 하나님을 의미한다. 또한 하나님이 사람을 창조하실 때 "내가 나의 형상을 따라 사람을 만든다"고 표현하지 않고 "우리가 우리의 형상을 따라 사람을 만든다"고 표현하셨다(창 1:26). 이 또한 삼위일체 하나님의 증거가 된다. 예수님이 아버지와 아들과 성령의 이름으로 세례를 베풀라고 명령하신 것(마 28:19) 또한 삼위일체 하나님을 뒷받침한다.

예수님은 아버지와 나는 하나라고 말씀하셨다(요 10:30). 그러면서 자신과 아버지 하나님을 구분하셨다(막 10:17-18). 베드로는 아나니아에게 성령을 속이는 것은 곧 하나님을 속이는 것이라고 말했다(행 5:3-4). 그런데 성령은 예수님이 간구하시고 하나님께서 보내셨다(요 14:16). 따라서 성령님은 하나님과 같은 위치에 있으면서도 하나님과 구별된다. 그리고 성령을 다른 말로 하나님의 영(요 16:7)이라고 부른다. 성령님은 자기 영광보다 그리스도의 영광을 나타냄으로써(요 16:14) 예수님과 구별하셨다.

이와 같은 말씀에 근거하여 볼 때 삼위일체는 기독교 신앙의 핵심 교리다. 여호와의증인처럼 삼위일체를 믿지 않는 것은 이단이다. 그러나 교회 안에는 삼위일체에 관한 궁금증을 완전히 해소하지 못한 채 신앙생활을 하는 성도들이 많다. 다음의 이야기를 통해 삼위일체 하나님을 설명해 보고자 한다.

하나님이 좋아하시는 것이 세 가지 있다.

첫째, 하나님은 의를 좋아하신다. 그분은 부정이나 편법으로 행하시는 것이 하나도 없다.

둘째, 하나님은 사랑을 좋아하신다. 그래서 모든 일을 사랑으로 행하신다. 하나님이 행하시는 모든 일의 동기와 방법과 목적은 항상 사랑이다.

셋째, 하나님은 사람을 좋아하신다. 그래서 항상 사람과 교제하길 원하신다. 당신이 계획하신 모든 일도 사람과 함께하신다.

어느 날 하나님께서 이 셋을 에덴동산 중앙에 모이게 하셨다. 그리고 한 가지 당부의 말씀을 하셨다. "동산 중앙에 있는 선악과를 제외한 나머지는 마음껏 먹고 누리며 살아도 좋다. 그러나 선악과를 따 먹으면 곧 죽게 될 것이다. 명심하길 바란다." 의와 사랑과 사람 셋은 하나님의 말씀을 지키면서 사이좋게 살았다.

그런데 어느 날 사탄의 속임수에 넘어간 사람이 선악과를 따 먹고 말았다. 그러자 즉각 의가 찾아와서 정죄를 했다. "왜 하나님의 말씀을 불순종했지! 사람은 죽어야 한다." 그때 이 소식을 들은 사랑도 급하게 달려와 의를 책망했다. "어떻게 사람을 정죄할 수 있느냐? 용서해야지. 친구를 정죄하는 것은 너무한 것 아닌가?"

사람이 범한 실수 때문에 의와 사랑 사이에 싸움이 벌어지고 말았다. 이 사실을 접한 하나님은 딜레마에 빠지셨다. 의가 요구하는 대로 사람을 죽게 하자니 사랑이 마음에 걸리고 그렇다고 사랑이 요구하는 대로 사람을 그냥 용서하자니 의가 마음에 걸렸다. 오랜 숙고 끝에 하나님은 의와 사랑을 불러 타협안을 제시하셨다.

"만약 죄 없는 누군가가 사람이 지은 죄의 벌을 대신 받으면 즉 대신 죽어 주면 사람을 용서할 수 있겠는가?"(롬 5:10).

과거 우리나라에서도 주인이 받아야 할 벌을 하인이 대신 받음으로 주인의 죄가 용서받곤 했다. 의와 사랑은 하나님의 제안을 수용하였다. 의는 죄 값이 지불되어 용서가 가능하니 동의하였고, 사랑은 대신 벌을 받아 주니 동의하였다.

하나님은 사람을 대신해 벌을 받아 줄 존재를 두루 찾으셨다. 하지

왜 일대일 제자양육인가

만 도무지 찾을 수 없었다. 죄 없는 사람이 한 사람도 없었기 때문이다(롬 3:23). 세상은 온통 자기 죄 때문에 형벌받아야 할 사람들로 가득했다. 오랜 숙고 끝에 하나님은 결단을 내리셨다.

"내가 죄 없는 사람의 모습이 되어 사람이 받아야 할 벌을 대신 받아 주고 그들을 구원하리라."

이렇게 해서 죄 없는 인간으로 오신 하나님을 예수님이라고 부른다(마 1:21). 예수님은 죄 없는 인간으로 태어나야 했기에 동정녀에게서 성령으로 잉태되어 세상에 오셨다.

예수님은 곧 하나님이시다. 하나님은 인간 구원을 계획하셨고 예수님은 그 구원 계획을 실행하셨다. 하나님을 아버지로, 예수님을 아들로 표현하는 것은 하나님이 예수님을 사랑하는 아들(마 3:17)이라고 칭하셨기 때문이기도 하고, 육신적으로 요셉의 아들로 태어났기 때문이기도 하다. 육신의 아버지는 요셉이요 영적인 아버지는 하나님이다.

그런데 하나님께서 인간의 모습으로 이 땅에 오신 사실을 우리는 어떻게 알며 믿을 수 있는가? 더구나 2천 년 전이고 그것도 이스라엘 땅에 오셔서 십자가에서 죽으시고 부활하신 사건이지 않은가? 여기서 성령 하나님이 등장하신다. 시간과 공간을 초월해서 이 사실을 알게 하시는 하나님을 성령이라고 부른다. 성령은 하나님의 영이요 그리스도의 영이다. 성령님은 바람처럼 제한받지 않고 온 우주를 운행하며 일하신다. 오늘날 우리가 예수님이 하나님이라는 사실도 알고 예수님을 믿을 수 있는 것은 성령 하나님의 역사가 있기 때문이다(고전 12:3).

아버지 하나님은 구원을 계획하셨고, 아들이신 예수님은 그 구원 계획을 실행하셨고, 성령 하나님은 그 사실을 알고 믿게 하신다.

그리스도인으로서 반드시 경험해야 하는 하나님의 성품이 몇 가지 있다.

먼저, 하나님의 사랑을 경험해야 한다(요일 4:9-10).

하나님의 사랑을 받고 또 하나님을 사랑하면서 사는 것이 건강하게 신앙생활하는 길이다. 그분의 사랑이 위로와 격려가 되고 소망을 갖게 하며 참된 예배를 드리도록 이끈다. 하나님과 사랑의 관계 안에서 사는 것이 곧 성숙한 그리스도인의 삶이다. 하나님의 사랑을 받아야 이웃을 사랑할 수 있고 그분의 용서를 경험해야 타인을 용서할 수 있다.

둘째, 하나님의 은혜를 경험해야 한다(엡 2:8-9).

이 은혜는 십자가를 통해서 경험할 수 있다. 죽어 마땅한 나를 무조건 사랑하실 뿐 아니라 십자가 희생으로 그 사랑을 확증하셨다. 이 하나님의 은혜를 경험해야 하는 것이다. 평생 하나님의 은혜 안에 머물러 살아야 건강하게 신앙생활을 할 수 있다. 하나님의 사랑과 은혜는 대부분 구원을 얻을 때 경험하게 된다. 만약 은혜를 잊어버리면 그때부터 신앙은 병들기 시작한다.

셋째, 하나님의 구원을 경험해야 한다(사 12:2).

하나님은 우리를 죄에서만 구원하신 게 아니다. 살면서 만나는 모든 상황에서도 우리를 구원하신다. 위기 중에 하나님의 구원을 경험한 사람은 그분을 향한 믿음이 더 단단해진다. 그런 점에서 삶의 위기는 하나님의 구원을 경험하는 때다. 다윗은 목동 생활을 하면서 수차례 하나님의 구원을 경험했다. 그래서 불가능의 상징인 골리앗 앞에서도 주눅 들지 않고 당당할 수 있었다.

넷째, 하나님의 인도를 경험해야 한다(시 119:105).

삶은 끊임없이 선택과 결정을 요구한다. 하나님의 인도가 필요한 이유다. 광야의 이스라엘 백성들을 불기둥과 구름기둥으로 인도하신 하나님은 오늘날에도 그분의 자녀들을 동일하게 인도해 주신다. 하나님의 인도를 받아야만 우리는 마땅히 가야 할 길을 걸어갈 수 있고 마땅히 해야 하는 일을 하면서 생활할 수 있다. 그리고 하나님은 말씀으로 인도하시는 경우가 많다.

다섯째, 하나님의 능력을 경험해야 한다(빌 4:13).

하나님은 전능하신 분이다. 불가능도 가능케 하시는 분이다. 연약한 우리는 하나님의 능력이 필요하다. 그분의 능력은 믿음을 통해서 우리에게 나타난다. 삶에서 만나는 위기 상황은 하나님의 능력을 경험하는 좋은 기회이기도 하다. 이 경험을 통해 믿음이 더 성숙해진다. 성경에는 믿음으로 하나님의 능력을 체험하여 승리하거나 회복한 사례가 많이 나온다. 사도 바울은 내게 능력 주시는 자 안에서 모든 것을 할 수 있다고 고백하였다.

창조의 하나님

기독교 신앙의 핵심은 창조 신앙, 십자가 신앙, 부활 신앙, 재림 신앙 등 네 가지다. 이것은 신구약 성경을 요약한 내용이기도 하고 믿는 자들의 신앙 고백이 되기도 한다. 신앙생활을 건강하게 하려면 이 네 가지 신앙이 균형 있게 잡혀 있어야 한다.

그중 창조 신앙의 중요성은 아무리 강조해도 지나치지 않다. 만약 네 가지 중에서 첫 번째인 창조 신앙이 무너지면 기독교 신앙은 다 무너질 수밖에 없다. 그래서 양육 교재에서는 언급되어 있지 않지만 추가적으로 양육자들이 반드시 알고 믿어야 할 것이 창조주 하나님이다. 오늘날은 창조 신앙이 위협받는 시대다. 무수한 과학이나 사상의 도전 앞에서도 제자들은 반드시 창조에 대한 신앙 고백을 해야 한다. 창조 신앙은 다음과 같이 세 가지를 믿는다.

첫째, 하나님은 천지를 창조하셨다(창 1:1).

우주는 우연히 혹은 빅뱅과 같은 결과로 생긴 것이 아니다. 생물이 우연히 발생하여 오랜 세월 진화를 통해 오늘날과 같은 생태계가 형성된 것도 아니다. 반복적인 생존경쟁과 자연선택에 의해 지금의 모습이 형성된 것도 아니다. 우주는 전능하신 하나님의 철저한 계획 안에서 창조되었고 그분이 세우신 질서를 따라 과학적으로 운행되고 있다. 그리고 하나님은 모든 생물을 각각 종류대로 창조하셨다(창 1:21, 24-25). 하나님의 창조 질서 안에서 진화는 있을 수 없다. 만물이 그분에게서 나오고 그분으로 인해 있고 그분에게로 돌아간다(롬 11:36). 그래서 그분은 만물 위에 계시고 영원토록 찬양받으실 하나님이다(롬 9:5).

둘째, 사람은 하나님의 형상을 따라 창조되었다(창 1:27).

사람은 어떤 생물이나 동물이 진화된 결과가 아니다. 사람은 하나님의 형상을 따라 창조되었다. 불교에서 말하는 것처럼 사람은 자연의 일부가 아니다. 자연을 다스리는 권리를 위임받은 인격적 존재다. 그래서 사람은 존재 자체만으로 소중하다. 사람은 하나님과 교제하면서 살도록 창조된 인격적인 존재다. 진화론은 성경을 부인하는 불신앙일 뿐만 아니라 인간의 존엄성을 폄훼하는 주장이다.

셋째, 하나님은 남자와 여자가 부부가 되게 하셨다(창 1:28).

왜 일대일 제자양육인가

하나님이 남녀를 부부가 되게 하신 것은 서로 돕고 사랑하며 행복하게 살도록 복을 주신 것이다. 부부는 생육하고 번성하여 땅에 충만하길 원하시는 하나님의 계획 안에 있다. 그래서 아이를 낳는 것은 하나님이 주시는 복인 동시에 부부의 사명이다. 그런데 동성 부부는 자녀를 낳을 수 없다. 동성애는 하나님의 창조 질서를 역행하는 불신앙적 행위다. 동성애자는 사랑할 수 있지만 동성애는 용납할 수 없다.

오늘날 기독교가 위협을 받는 상황에서 그리스도인들은 어떤 주장이나 사상에 대하여 그것이 성경에 합당한가, 과학적 증거가 있는가, 열매가 무엇인가를 꼼꼼히 따져 보아야 한다. 과거 진화론이 발표되었을 때 교회는 그것이 성경에 반하는 주장이었음에도 불구하고 교인들이 교회를 떠날까 염려되어 타협하는 태도를 취했다. 그 결과는 처참했다. 신앙을 과학적으로 증명하려는 시도는 창조의 신비를 흐려 놓았고 오히려 더 많은 교인이 교회를 떠나게 만들었다. 유럽 교회의 몰락이 이때부터 시작되었다.

그리스도인은 성경을 거스르는 주장이 설득력을 얻더라도 복음의 진리를 고수할 뿐만 아니라 복음에 합당하게 살아야 한다. 당장은 밀리는 것 같아도 언젠가 성경에 반하는 주장들이 거짓이라는 것이 판명날 것이고 성경만이 진리라는 사실을 인정할 때가 올 것이다. 창조에 관한 궁금한 점은 창조과학회 홈페이지(creation.kr)에서 도움을 받을 수 있다.

이름에 담긴 하나님의 성품

우리는 성경에 기록된 하나님의 이름을 그 이름이 담고 있는 특별한 의미는 생각하지 않고 읽기도 하고 부르기도 한다. 그러나 유대인들은 이름이 담고 있는 의미를 생각하면서 하나님의 이름을 불렀다. 그러므로 구약성경에 가장 많이 기록된 하나님의 이름 5가지의 의미를 살펴봄으로써 하나님의 성품을 알아보고자 한다.

○ **하나님(Elohim; 엘로힘):** 하나님은 '창조주'임을 의미한다. 하나님은 우주 만물을 창조하시고 다스리시는 분이다. 그래서 그분은 예배의 대상이 되신다. 성도가 하나님을 예배해야 하는 이유는 그분이 창조주이기 때문이다. 유대인들은 안식일에 예배를 드릴 때마다 창조주 하나님을 생각하면서 그분께 영광을 돌렸다고 한다. 창조주 하나님은 우리에게 생육하고 번성하라는 사명을 주셨고 우리를 복의 근원이 되게 하셨다. 그것은 하나님이 우리를 위해 하신 일이었다. 우리가 하나님을 위해 할 일은 참된 예배자가 되는 것이요 그분을 알아 가는 것이다. 구원받은 성도는 평생 창조의 하나님을 예배하면서 살아야 한다.

○ **여호와(Yahweh):** 하나님은 '왕'이시라는 것을 의미한다. 하나님은 왕으로서 통치하시고 다스리시는 분이다. 그런데 그분의 통치는 정의와 공의에 근거하고 있다. 하나님은 모든 일을 의롭게 처리하시는 분이다. 십자가는 바로 하나님의 의를 보여 주는 실체다. 우리가 하나님을 위해서 해야 할 일은 그분의 말씀에 순종하는 것이다. 순종은 하나님과 올바른 관계를 갖게 할 뿐만 아니라 사람과도 좋은 관계를 갖게 한다. 그리고 말씀대로 순종하는 것은 곧 하나님의 통치가 이루어지게 하는 것이다. 그러므로 구원받은 성도는 평생 하나님의 통치가 자신의 삶 안에서 이루어질 수 있도록 말씀을 묵상하고 순종해야 한다.

∘ **주(Adonai; 아도나이)**: 하나님은 '우리의 주'라는 것을 의미한다. 이 이름이 갖는 이미지는 목자다. 목자는 양들의 주인으로서 양들을 책임진다. 하나님은 모든 백성에게 최고의 인생 가이드가 되신다. 그분은 이스라엘 백성을 애굽에서부터 약속의 땅까지 무사히 인도해 주신 것처럼 우리 인생도 인도하시며 책임져 주신다. 목자이신 하나님은 백성들에게 살롬을 주셨다. 다윗이 "여호와는 나의 목자시니 내게 부족함이 없으리로다"(시 23:1)라고 노래했듯이, 우리가 그분이 주시는 살롬을 누리려면 먼저 그분을 신뢰해야 한다. 양들은 목자가 어느 곳으로 인도하든지 의심하지 않고 따라간다. 전적인 신뢰의 결과는 잔잔한 물가와 푸른 초장이다. 그러므로 구원받은 성도는 평생 하나님을 신뢰함으로써 평강을 누릴 수 있다.

∘ **전능하신 하나님(El Shaddai; 엘 샤다이)**: 하나님은 '능치 못함이 없으신 분'을 의미한다. 이 이름에는 어머니로서의 하나님 이미지가 담겨 있다. 전능하신 하나님은 어머니처럼 그의 백성들을 먹이고 입히고 보호하고 양육하시기 때문이다. 그분은 우리의 모든 필요를 채우신다. 그리고 전능하신 하나님은 우리에게 아가페 사랑을 주셨다. 무조건적 사랑을 주신 것이다. 십자가는 그분의 사랑을 실물로 보여 준 것이다. 그러므로 우리가 해야 할 일은 전능하신 하나님을 믿고 그분의 말씀에 순종하는 것이다. 믿음과 순종이 하나님의 능력을 내 것이 되게 한다. 구원받은 성도는 평생 하나님의 능력을 체험하면서 살아야 한다.

∘ **만군의 하나님**(Yahweh Tzvaot; **여호와 쯔바오트**): 하나님은 '용사의 하나님'이라는 것을 의미한다. 하나님은 승리의 하나님이시다. 이 세상에는 그분을 당할 자가 아무도 없다. 하나님과 싸워서 이길 자는 아무도 없다. 용사이신 하나님은 우리에게 구원을 주셨다. 이스라엘 백성들을 애굽에서 구원해 주신 것이 좋은 예가 된다. 하나님은 여전히 죄와 사망에서 우리를 구원하신다. 그러므로 우리가 하나님을 위해서 해야 할 일은 그분을 경외하는 것이다. 경외란, 위대하심 앞에서 느끼는 위엄, 죄에 대하여 하나님과 같은 생각을 갖는 것, 그분의 말씀에 순종하는 것을 포함한다. 구원받은 성도는 평생 구원을 주시는 하나님을 경외하면서 살아야 한다.

왜 일대일 제자양육인가

세 번째 만남: 하나님의 말씀-성경

성경은 약 1500년 동안 40여 명의 저자가 쓴 것을 한 권으로 묶은 책이다. 성경은 죄인을 사랑하시는 하나님의 구원 이야기로 시간과 공간을 초월하는 영원한 진리의 말씀이다. 성경이 위대한 이유는 오랜 세월 동안 여러 사람에 의해서 기록되었지만 주제가 한결같이 동일하다는 것이다.

이스라엘 민족의 언어인 히브리어로 기록된 구약성경(다니엘과 에스더 일부는 아람어로 기록됨)은, 주후 90년에 이스라엘의 얌니아(지금의 야브네)에서 열린 유대 랍비 회의에서 39권으로 결정되었다. 히브리어로 기록된 것과 전통적으로 회당에서 예배 때마다 읽혀 온 책만을 정경(canon)으로 채택한 것이다. 로마시대의 언어였던 헬라어로 기록된 신약성경은 주후 397년에 지금의 아프리카 튀니지에 있는 카르타고에서 열린 교회 회의에서 27권으로 결정되었다. 예수님의 제자들이 기록한 것과 교회에서 전통적으로 예배 때마다 읽혀 오던 책만을 정경으로 채택한 것이다.

당시 하나님의 말씀, 예수님의 말씀이라고 주장하는 문서들이 많았다고 한다. 그래서 오랜 세월 회당에서 하나님의 말씀으로 읽던 책과 교회에서 예수님의 말씀으로 읽던 책 66권만 정경으로 채택해서 오늘날의 성경으로 남게 되었다.

그런데 천주교회는 현재 개신교회보다 구약성경이 9권 더 많다. 당시 히브리어를 모르는 세대를 위해서 70인이 구약성경을 헬라어로 번역한 것이 있는데, 이때 당시 유대인들이 성경처럼 즐겨 읽던 책까지 포함시켜 성경의 권수가 더 많아지게 되었다. 이것을 정경 외의 책이라고

해서 외경이라고 부른다. 종교개혁 이후 개신교회는 유대교가 결정한 39권만을 정경으로 채택했고 천주교회는 외경을 포함한 성경을 그대로 사용하게 되었다.

성경은 하나님의 감동으로 쓰인 책으로 교훈, 책망, 바르게 함, 의로 교육하기에 유익하지만 무엇보다도 구원에 이르게 하는 지혜가 담겨 있다(딤후 3:15-16). 구약은 모세와 선지자들이 하나님께 받은 말씀이고, 신약은 하나님의 감동을 받은 사도들의 기록과 서신을 모아 놓은 것이다. 구약성경은 하나님의 구원 계획을 기록하였고, 신약의 복음서는 예수님 께서 십자가와 부활을 통해 하나님의 구원 계획을 실행하신 내용을 기록하고 있다. 사도행전과 나머지 서신들은 성령을 통해서 예수님이 이루어 놓으신 구원이 성취되는 내용이 담겨 있다.

성경의 중심인물은 예수 그리스도다. 예수님도 성경이 당신을 증언하고 있다고 말씀하셨다(요 5:39).

기독교는 말씀의 종교다. 신앙생활도 말씀 중심으로 해야 한다. 말씀 속에서 하나님을 알 수 있고 그분과 교제할 수 있다. 하나님은 말씀을 통해서 우리를 만나 주신다. 우리의 믿음이 성경에 근거하지 않으면 기복 신앙이 되기 쉽다. 신앙생활을 온전히 하길 원한다면 성경을 잘 알아야 한다. 영적 성장은 성경 말씀과 함께 이루어지기 때문이다. 말씀이 없으면 성장도 없다. 그러므로 모든 그리스도인은 구원에 이르도록 자라게 하는 성경 말씀을 순전하고 신령한 젖으로서 사모해야 한다(벧전 2:2).

한편, 성경을 전체적으로 볼 줄 알아야 하고 부분적으로도 볼 줄 알아야 한다. 신약과 구약의 연관성도 볼 줄 알아야 한다. 그러므로 다음과 같은 5가지의 태도를 견지하며 성경을 대해야 한다.

왜 일대일 제자양육인가

말씀 듣기

하나님의 말씀은 들어야 한다. 왜냐하면 믿음은 들음에서 나며 들음은 그리스도의 말씀이기 때문이다(롬 10:17). 말씀을 듣는 방법에는 두 가지가 있다. 한 가지는 스마트폰이나 컴퓨터, 오디오 같은 미디어를 이용해서 녹음된 성경 말씀을 듣는 것이다. 이때 말씀을 듣는 장소는 제한이 없다. 가정, 버스, 지하철, 자동차 등 마음만 먹으면 어디에서나 말씀을 들을 수 있다. 다른 한 가지는 설교를 듣는 것이다. 말씀을 알기 쉽게 풀어 주는 설교를 듣는 것은 성경을 듣는 것과 같다. 이때 노트에 기록하면서 들으면 좀 더 깊이 있게 이해할 수 있다.

하나님의 말씀을 들을 때는 두 가지 태도가 요구된다.

첫째는 베뢰아 교회의 성도들처럼 간절한 마음으로 듣는 것이다(행 17:11). 즉 사모하는 마음으로 들어야 한다. 이것을 경청이라고 한다.

둘째는 데살로니가 교회의 성도들처럼 사람의 말로 듣지 않고 하나님의 말씀으로 듣는 것이다(살전 2:13). 그들은 사도 바울이 선포하는 복음을 사람이 하는 말로 듣지 않고 하나님이 주시는 말씀으로 들었다. 특히 설교를 들을 때는 하나님이 목회자를 통해서 자신에게 주시는 말씀으로 들어야 한다. 그래야만 그 말씀이 씨앗이 되어 30배, 60배, 100배의 열매를 맺게 된다.

교인들 중에는 교회에 올 때 저울을 들고 오는 교인이 있다. 그는 설교 시간 내내 저울질만 하다가 집으로 돌아간다. 설교가 길다, 지루하다, 재미없다 등으로 시작해서 논리가 있네 없네, 기승전결이 있네 없네 하면서 평가하느라 하나님의 말씀을 한 구절도 듣지 못한다. 이런 사람은 영적으로 성장할 수 없다. 또 어떤 교인은 교회에 올 때 삽을 들고 온다.

그는 설교 시간 내내 삽질만 하다가 돌아간다. 그에겐 자신을 위해서 주시는 말씀은 한 구절도 없고 모두 타인에게 주시는 말씀으로만 받아들인다. 그래서 말씀을 삽으로 떠서 자신이 생각하기에 그 말씀에 해당되는 사람에게 아멘! 아멘! 하면서 던져 준다. 이런 사람은 먼저 된 자 같은데 시간이 지나고 나면 나중 된 자가 되고 만다. 또 어떤 교인은 교회에 올 때 빈손으로 온다. 그는 하나님의 말씀을 듣고자 하는 마음이나 의지가 하나도 없다. 아무 생각 없이 와서 아무 생각 없이 말씀을 듣다가 돌아간다. 이런 사람은 뿌려지는 말씀이 없기 때문에 거둘 것도 없다. 마지막으로 어떤 교인은 빈 자루를 들고 교회에 온다. 말씀이 선포될 때마다 아멘으로 화답하면서 그 말씀을 빈 자루에 가득 담고 집으로 돌아간다. 그리고 한 주일 동안 자루에 담긴 말씀을 하나씩 꺼내 먹으면서 생활한다. 이런 사람은 날마다 영적으로 성장해서 그리스도의 장성한 분량에까지 이르게 된다.

말씀 읽기

하나님의 말씀은 읽어야 한다. 예언의 말씀을 읽는 자와 듣는 자와 그 가운데 기록한 것을 지키는 자들이 복이 있기 때문이다(계 1:3). 그러므로 성도는 성경을 매일 읽어야 한다. 그래야만 하나님을 경외하는 법은 물론 말씀을 지켜 행하는 법을 배울 수 있다(신 17:19).

오늘날 성경을 믿는 사람은 많은데 읽는 사람은 적다고 한다. 유명 설교를 들으려는 사람은 많으나 성경 말씀을 직접 읽으려는 사람은 많지 않은 것이 그 원인 중 하나로 꼽을 수 있다. 또 성경을 들고 가지 않아도 예배드리는 데 아무 지장이 없는 교회 환경도 성경을 가까이하지 않는 이유일 수 있다. 이유가 어떠하든 성경은 평생 가까이하면서 읽어야 할 하나님의 말씀이다.

한편, 성경을 다독하는 것과 깊이 있게 묵상하는 것이 적절하게 균형을 이루어야 한다. 성경을 읽는 목적은 하나님은 물론 그분의 생각과 마음과 계획을 알기 위해서다. 그러므로 적어도 1년에 한 번은 통독할 수 있어야 한다. 하루에 3장씩 읽으면 1년에 한 번 통독할 수 있고, 5장씩 읽으면 6개월에 한 번 통독할 수 있다. 혼자 하기 어렵다면 성경통독반에서 함께 읽는 것도 좋다.

성경을 읽을 때는 그 책이 쓰인 배경과 목적, 중심 메시지와 중심인물 등을 사전에 이해하고 읽으면 좋다.

성경은 원래 장과 절이 없었다. 후대의 학자들이 성경을 더 잘 이해하기 위해 먼저 장을 구분했다가 절까지 구분한 것이 오늘에 이르고 있는 것이다. 그러므로 때로 장과 절을 무시하고 문맥을 따라서 읽어 보길 권한다.

말씀 연구

하나님의 말씀은 연구해야 한다. 진리의 말씀을 올바로 분별하고 부끄러울 것이 없는 일꾼으로서 자신을 하나님께 드려야 하기 때문이다(딤후 2:15). 성경 연구의 좋은 예는 베뢰아 사람들에게서 볼 수 있다. 그들은 데살로니가 사람들보다 더 신사적이어서 날마다 말씀을 상고하였다(행 17:11).

수차례의 정제 과정을 거쳐 은을 얻듯이 또는 숨은 보물을 찾듯이 하나님의 말씀을 연구해야 한다(잠 2:4). 그리하면 여호와를 경외하는 법을 알게 되고 하나님을 아는 지식을 얻게 될 것이다(잠 2:5). 성경은 다양한 방법으로 공부할 수 있다. 오늘날 교회에서 다양한 내용의 성경공부반이 개설되는 것은 감사한 일이다. 성경을 한눈에 보길 원한다면 '성경탐구 40일'과 같은 과정에 참여하면 좋고, 성경을 연구하는 방법론을 공부하기 원한다면 '귀납법적 성경연구 방법'과 같은 과정에 참여하면 좋을 것이다. 그 외에도 책별 성경공부, 인물별 성경공부, 교리별 성경공부, 주제별 성경공부, 성경지리 연구 같은 과정이 있다. 모두 성경을 넓고 깊게 볼 수 있는 눈을 키워 줄 것이다.

말씀 암송

하나님의 말씀은 암송해야 한다. 성도가 행실을 깨끗케 하려면, 범죄하지 않으려면 하나님의 말씀이 마음에 담겨 있어야 하기 때문이다(시 119:9, 11). 암송된 말씀은 시험을 이길 수 있는 공격용 무기가 된다.

하나님은 우리의 마음판에 말씀을 새겨 넣으라고 하셨고(잠 7:3), 우리의 마음과 생각에 말씀을 단단히 새겨 넣으라고 하셨다(신 11:18). 모두 말씀을 암송하라는 명령이다.

예수님은 성경 암송의 위력을 보여 주셨다. 세 번씩이나 감당하기 어려운 사탄의 시험을 이길 수 있었던 것은 말씀을 암송하셨기 때문이다. 주님은 사탄이 시험할 때 그를 잠깐 기다리게 해놓고 성경을 찾아서 대적하지 않으셨다. 시험을 받자마자 즉각적으로 마음판에 새긴 말씀으로 공격하셨다. 사람은 떡으로만 사는 것이 아니라 하나님의 말씀으로 사는 것이다(신 8:3), 주 너희 하나님을 시험하지 말라(신 6:16), 주 너희 하나님께 경배하고 다만 그를 섬기라(신 6:13), 예수님은 상황에 맞는 말씀으로 정확하게 대처하셨다. 이것이 성경 암송의 위력이다.

암송하는 성경 구절이 많을수록 강력한 무기를 갖고 있는 것과 같다. 암송 구절이 많아질수록 믿음도 강해진다. 삶에서 어떤 상황이 벌어졌을 때 암송한 말씀이 떠오르면 그 상황에 얽매이지 않고 이길 수 있다. 그래서 사도 바울은 그리스도의 말씀이 너희 속에 풍성히 거하게 하라고 권면하였다(골 3:16).

네비게이토 선교회의 창시자인 도슨 트로트맨(Dawson Trotman)은 하루에 한 구절 암송을 시도하여 천 일 동안 천 구절을 암송했다고 한다. 그는 하나님의 말씀을 오래 기억하기 위해 시간을 투자해서 성경 구절을 암기하는 것보다 더 유익한 방법은 없다고 했다. 기독교 서점에 가면 성경 암송 카드를 어렵지 않게 구입할 수 있다. 성경 암송을 영적 전쟁의 최고 무기로 삼아 보라. 그 말씀이 당신 생애에 놀라운 승리를 가져다 줄 것이다.

말씀 묵상

하나님의 말씀은 묵상해야 한다. 주야로 말씀을 묵상하는 사람들이 복이 있다(시 1:1-2). 묵상하는 자가 복이 있다고 하는 것은 묵상이 그만큼 파워가 있다는 것을 의미한다.

먼저, 묵상하는 자의 삶은 시냇가에 심긴 나무와 같다. 그 나무는 사시사철 생명수를 공급받기 때문에 메마를 수가 없다. 풍족하게 사는 것이다.

둘째, 묵상하는 사람은 삶의 터를 반석 위에 세우기 때문에 어떤 시험을 당해도 쉽게 넘어지지 않는다(마 7:24-27).

셋째, 묵상하는 사람은 자신의 삶을 풍성하게 한다. 성경의 모든 복은 묵상한 말씀을 순종할 때 임하기 때문이다(신 6:3).

성경 통독이 성경을 전체적으로 보는 방법이라면 묵상은 말씀을 깊이 있게 보는 방법이다. 성경을 묵상하는 방법은 큐티를 공부할 때 배우기 때문에 여기서는 간단하게 설명하고자 한다. 먼저 묵상하려는 본문을 2~3회 읽는 것이 좋다. 그런 다음, 아래의 두 가지 질문에 대한 답을 읽은 말씀에서 찾아본다.

첫째, 본문은 무엇을 말씀하고 있는가?

둘째, 그 말씀을 가지고 어떻게 살아야 하는가?

첫 번째는 묵상하는 것이고 두 번째는 적용하는 것이다. 이 두 가지 질문은 설교나 말씀 강의를 들을 때도 적용하면 유익하다. 그리고 묵상한 내용을 노트에 기록하는 습관은 경건 생활을 더 풍성하게 해준다. 사람은 마음속에 담긴 것들을 말하게 되어 있다. 하나님의 말씀이 마음에 충만할 때 우리의 입에서는 지혜로운 말과 은혜로운 말이 나가게 될 것이다(눅 6:45).

네 번째 만남: 기도

기도에 대한 올바른 이해

기도를 자신의 필요를 간구하는 것으로만 이해하는 사람이 적지 않다. 물론 기도의 시작은 간구하는 것이지만 그 단계에서만 멈춘다면 성숙한 기도 생활을 할 수 없다. 대부분의 그리스도인들은 기도를 하나님과의 대화로 이해하고 있다. 그렇다면 나는 하나님과 대화하는 기도 생활을 하고 있는가, 아니면 독백하는 기도 생활을 하고 있는가? 많은 그리스도인이 아마도 독백식 기도 생활을 하고 있을 것이다. 이는 기도에 대한 오해에서 비롯된 것이다.

간구하는 것이 기도의 첫 단계라면 두 번째 단계는 듣는 것이다. 자신이 하고 싶은 말만 하고 끝내지 말고 하나님께서 나에게 말씀하시도록 듣는 시간을 가져야 한다.

말씀과 기도는 하나님과 대화하는 통로다. 하나님은 성경 말씀으로 우리에게 말씀하시고 우리는 기도를 통해 하나님께 응답한다. 하나님은 문자 메시지로 우리에게 말씀하시고 우리는 기도의 음성을 통해 하나님께 아뢴다. 이처럼 문자와 음성은 하나님과 소통하는 방법이다. 어느 하나에 치우쳐선 안 되고 두 가지 모두를 이용해 하나님과 소통해야 한다. 만약 하나님의 말씀을 모른 채 기도만 하면 자기 욕심에 이끌리는 기도를 하기 쉽다. 그래서 성숙한 기도를 하려면 하나님의 말씀 속에서 그분의 뜻을 발견해야 한다. 기도는 자기 뜻을 하나님께 관철시키는 것이 아니라 하나님의 뜻에 순종하는 것이기 때문이다.

이렇게 기도할 때 하나님은 우리의 기도를 통해서 당신의 뜻을 이 땅에서 이루어 가신다. 기도는 살아 계신 하나님께 예수님의 이름으로(요 16:24) 하는 것이며, 우리는 기도를 통해 하나님과 깊은 관계에 들어갈 수 있다. 이를 위해 기도할 때 중언부언하지 말고 구체적인 내용으로 해야 한다(마 6:7).

기도한다는 것의 의미

기도한다는 것은 **첫째, 하나님과 소통하면서 산다는 것을 의미한다.** 기도한다는 것은 하나님과 좋은 관계에 있다는 것을 의미한다. 부부가 한집에 살면서 도통 대화를 하지 않는다면 관계에 문제가 있는 것이다. 마찬가지로 그리스도인이 평소 기도하지 않는다면 하나님과의 관계에 문제가 있는 것이다. 하나님은 우리와 대화하고 싶으셔서 당신의 형상을 따라 인간을 창조하셨다는 사실을 기억하라.

둘째, 하나님의 하나님 되심을 인정하는 겸손의 표현이다. 기도한다는 것은 피조물인 사람이 창조주 하나님을 신뢰하고 있다는 것을 의미한다. 하나님만을 사랑하고 경외한다는 고백이기도 하다. 그래서 우리가 기도할 때 하나님은 영광을 받으신다.

셋째, 하나님을 의지하고 있다는 믿음의 표현이다. 기도는 자신의 연약함과 부족함을 인정하는 사람이 할 수 있다. 그러므로 기도한다는 것은 하나님의 전능하신 능력을 의지하고 있다는 믿음의 표현이다. 기도는 우리의 믿음을 견고하게 해준다.

넷째, 성령의 능력을 충전하고 있다는 것을 의미한다. 성령 충만은 그리스도인들에게 필수 요소다. 성령 충만해야만 하나님의 말씀에 순종할 수 있고 고난, 시험, 유혹을 이길 수 있는 능력이 생기기 때문이다. 이 성령의 능력은 기도할 때 채워진다. 그러므로 기도하는 것은 성령의 능력으로 자신을 충전하고 있다는 증거다.

왜 하나님은 기도해야만 주시는가?

하나님은 우리의 필요를 잘 아시면서 왜 기도해야만 필요를 채워 주시는가? 그냥 알아서 주시면 안 되는가? 초신자들에게서 종종 이런 질문을 듣는다.

에스겔서 36장에는 이스라엘을 회복시키기 위한 하나님의 계획이 기록되어 있다. 하나님은 빼앗긴 가나안 땅의 회복은 물론 그 땅에서의 풍성한 삶을 계획하셨다. 황무지 같은 도시가 에덴동산 같고 그 땅의 거민이 많아질 것을 계획하셨다. 그런데 37-38절에서 이렇게 말씀하신다.

나 주 여호와가 이렇게 말한다 "이스라엘 족속을 위해서 이것을 해주도록 그들이 다시 한 번 더 간청하게 할 것이다 내가 백성을 양 떼처럼 많게 할 것이다 명절 기간에 예루살렘 제사에 쓰이는 양 떼처럼 폐허가 된 성읍들이 사람의 무리들로 가득 찰 것이다 그러면 내가 여호와임을 그들은 알게 될 것이다" **우리말성경**

개역성경에는 "그래도 이스라엘 족속이 이같이 자기들에게 이루어 주기를 내게 구하여야 할지라"(37절)고 번역되어 있다. 하나님은 이스라엘 백성을 위해 이미 놀라운 계획을 세워 놓으셨지만 그 계획을 그냥 실행하지 않으시고 우리의 기도를 통해 이루어 주신다고 말씀하시고 있다. 그 이유를 38절에서 "그리한즉 그들이 나를 여호와인 줄 알리라"라고 밝히셨다. 여기서 우리는 세 가지 사실을 발견할 수 있다.

첫째, 하나님은 당신의 백성들과 교제하기 원하신다.

둘째, 우리는 간구하여 얻어야 감사할 줄 안다.

셋째, 그래야만 하나님이 하나님 되심을 깨달을 수 있다.

내가 이룬 것이 아니라 하나님이 주셨다는 사실을 알게 될 때 올바른 신앙을 가질 수 있다. 이것이 간구해야만 주시는 하나님의 공급 방식이다.

기도 응답에 대한 올바른 이해

기도는 원하는 것을 얻어야만 응답이라고 흔히 생각한다. 그러나 기도 응답은 yes, no, wait 등 세 가지가 있다. 거절과 기다림도 응답에 포함된다. 만약 우리가 간구하는 대로 하나님께서 응답하셨다면 어떻게 되었을까? 아마도 기도는 복이 아니라 저주가 되었을 것이다. 왜냐하면 우리가 잘못 알고 구하는 내용이 많기 때문이다. 하나님은 우리의 연약함을 잘 아시므로 꼭 필요한 것 외에는 거절하신다. 그리고 응답을 소화할 수 있을 만큼 성숙해질 때까지 기다리게 하신다.

한편, 성숙한 기도 생활을 위해서 두 가지 알아 두어야 할 것이 있다.

첫째는 믿음으로 기도했는데도 응답이 없는 경우, 특히 고난 중에 기도 응답이 없는 경우, 하나님은 그 고난을 감당할 수 있는 믿음을 주시거나 환경을 변화시켜 주신다.

둘째, 오랫동안 같은 제목으로 기도했음에도 응답이 없다면 어쩌면 하나님의 뜻에 합당하지 않기 때문일 수도 있다. 따라서 자신의 간구가 하나님의 뜻에 합당한지를 점검하는 것이 필요하다. 이런 경우 하나님은 종종 기도 제목을 바꾸게 하신다.

기도는 간구하고 마는 것이 아니라 믿음으로 기대하면서 기다려야 한다. 기도하고 잊어버리거나 무관심하다가는 하나님의 응답을 인식하지 못할 수도 있다. 기도하고 기대하면서 기다리는 것이 기도자의 자세다. 신앙생활을 오래 하다 보면 그냥 기도하는 경우가 많다. 습관적으로 기도하는 경우도 많다. 믿음 없이 기도하는 경우도 많다. 의심하면서 기도하는 경우도 많다.

성숙한 기도 생활을 하고 싶다면 응답받지 못하는 이유를 알 필요가 있다. 믿음 없이 간구할 때(약 1:6-7), 자기 욕심을 채우기 위해 간구할 때 (약 4:2), 불순종하면서 간구할 때(잠 28:9), 참 회개가 없을 때, 자신이 할 수 있는 것을 구할 때, 응답받을 준비가 안 되었을 때는 기도 응답을 기대하지 않는 것이 좋다. 모래 위에 이름을 새기듯 기도하지 말고 바위 위에 이름을 새기듯 기도해야 한다. 그리고 기도와 성령보다 앞서지 말아야 한다. 이보다 더 위험한 교만은 없다.

기도해야 하는 이유

모든 그리스도인은 기도가 일상이 되어야 한다. 왜 그런가?

첫째, 하나님과 교제하기 위해서 기도해야 한다. 기도는 하나님과 사랑의 관계를 유지시켜 준다.

둘째, 하나님을 영화롭게 해드리기 위해 기도해야 한다(요 14:13). 우리가 예수의 이름으로 기도할 때 하나님이 영광을 받으신다.

셋째, 영적인 성장을 위해서 기도해야 한다. 기도하지 않으면 영적 성장이 이루어지지 않는다. 승리하는 그리스도인으로 살 수도 없다.

넷째, 하나님의 계획을 이루기 위해서 기도해야 한다. 성도의 기도는 하나님의 계획이 이 땅에서 실현되는 데 중대한 역할을 한다.

다섯째, 자신의 소망을 아뢰기 위해서 기도해야 한다. 성도는 기도를 통해서 하나님께 자신의 소망을 아뢸 수 있다(빌 4:6-7).

성도는 쉬지 않고 기도하되 때로 특별한 시간을 정해 놓고 기도하고 때로 기도 모임에 참석하여 기도해야 한다.

특별히 기도는 순서가 정해진 것은 아니지만 하나님께 최소한의 예의를 갖추어 하는 것이 필요하다. 기도는 자신의 필요만 간구하는 시간이 아니기 때문이다. 기도는 다음과 같은 순서를 따라 하기를 권면한다.

첫째, 하나님의 성품과 특성을 고백하는 찬양을 드린다(대상 29:11, 시 145:1-6). 하나님의 이름과 주권과 행하신 일을 고백하는 시간이다.

둘째, 하나님께 죄를 고백한다(요일 1:9, 시 32:5). 죄는 하나님과의 관계를 단절시키거나 기도 응답을 방해하기 때문에 회개는 반드시 있어야 한다.

셋째, 감사를 드린다(엡 5:20, 시 100:4). 하나님이 행하신 일과 주신 것에 대한 감사를 드린다.

넷째, 타인을 위한 중보기도를 드린다(골 1:9-12, 약 5:16, 딤전 2:2). 나라와 민족, 선교사, 병자, 교회 등 다양한 내용을 가지고 중보한다.

다섯째, 자신의 필요를 간구한다(마 7:7-8, 약 4:2-3). 이때 한 가지 주의할 것은 자신의 욕심을 따라 기도하지 말아야 한다는 것이다. 정욕을 채우기 위한 기도는 응답하지 않으시기 때문이다. 자기 욕심을 채우는 기도가 아니라면 믿음으로 자신의 필요를 간구한다.

기도는 말씀과 함께 하나님과 인격적으로 교제하는 것이다. 그러므로 기도는 신앙생활을 하는 동안 멈춰선 안 되는 일이다.

기도는 생활화되어야 한다

기도가 생활화되기 위해서는 기도 생활에 대한 고정관념을 깨는 것이 필요하다.

먼저, 기도는 반드시 눈을 감고 하지 않아도 된다. 기도는 얼마든지 눈을 뜨고도 할 수 있다. 순간순간 필요할 때마다 어느 상황에서나 눈을 뜬 채 할 수 있다.

둘째, 기도는 반드시 길게 하지 않아도 된다. 이 말은 기도를 길게 하지 말라는 의미가 아니다. 하나님께 길게 기도해야 하는 일이 있다. 이 경우 오랜 시간 씨름하듯 기도하는 것이 필요하다. 하지만 그렇지 않은 경우 매일 몇 마디의 문장으로도 얼마든지 기도할 수 있다. 물에 빠진 베드로에게 필요한 기도는 "주님 살려 주세요"라는 한마디의 외침 기도다. 하나님은 우리가 일상에서 한두 마디로 간구하는 것도 들으신다. 때로 '주님!' '아버지!' '하나님!'과 같은 외침이 믿음이 100% 담긴 기도가 될 수도 있다.

셋째, 기도하는 장소는 정해져 있지 않다. 과거엔 교회에서 기도하면 응답이 더 잘된다는 생각에 교회에서만 기도하려고 했다. 그렇다 보니 생활 속의 기도가 약화될 수밖에 없었다. 하나님은 온 우주에 충만하신 분이므로 기도는 어느 곳에서나 할 수 있다.

넷째, 기도는 단지 간구가 아니다. 온전한 기도는 찬양, 감사, 고백이 포함된 기도다. 기도는 내 편에서 일방적으로 하나님께 청구서를 제출하는 것이 아니다.

다섯 번째 만남: 교제

교제는 기독교 신앙에서 중요한 요소 중 하나다. 왜냐하면 성부 성자 성령, 삼위의 하나님은 사랑의 사귐 가운데 일체를 이루고 계시기 때문이다. 하나님은 사랑이시고(요일 4:8), 예수님은 그 사랑을 실현하셨으며(롬 5:8), 성령님은 사랑으로 연합을 이루게 하신다. 즉 성령님은 하나님과 우리의 관계를 사랑으로 맺어 주시는 분이다.

이와 같이 사귐 가운데 계신 하나님은 당신의 형상을 따라 창조하신 사람과도 교제하기를 좋아하신다. 우리와 교제하는 것은 하나님의 창조 목적 중 하나일 만큼 그분께 매우 중요하다. 하나님은 우리가 그분의 사랑 안에 거함으로써 그분과 연합하기를 원하신다. 연합은 오직 사랑으로만 할 수 있다. 그런데 그 사랑은 하나님께로부터 와야 한다. 하나님은 사랑의 원천이기 때문이다. 그래서 우리가 그분의 사랑 안에 거하기를 원하시는 것이다.

하나님은 사람과 사람이 교제하는 것도 기뻐하신다. 그 증거를 시편에서 찾을 수 있다.

보라 형제가 연합하여 동거함이 어찌 그리 선하고 아름다운고 머리에 있는 보배로운 기름이 수염 곧 아론의 수염에 흘러서 그의 옷깃까지 내림 같고 헐몬의 이슬이 시온의 산들에 내림 같도다 거기서 여호와께서 복을 명령하셨나니 곧 영생이로다 시 133:1-3

우리가 하나님의 사랑 안에 거할 때 비로소 타인과도 연합을 이룰 수 있다. 구원받은 사람들이 모인 교회는 이 교제의 중심으로서 매우 중요한 곳이다. 기독교 신앙이 공동체 중심인 이유가 여기에 있다. 일대일 양육도 예수님을 구세주로 영접한 사람들에게 교회 공동체에 소속되어 믿음 생활을 하도록 권면한다. 교회에서는 예배를 통한 교제와 공동체 생활을 통한 교제가 이뤄지고 있다.

예배를 통한 교제

• 예배에 대한 이해

예배는 하나님께 드리는 것이지만 동시에 하나님과의 교제 안에 머무는 시간이다. 이때 예배 가운데 임재하시는 성령님을 통해서 성도 간의 교제가 동시에 이루어진다.

첫째, 예배란 구원받은 사람들이 해야 할 가장 중요한 의식이다. 예배의 책인 구약성경의 레위기가 구원의 책인 출애굽기 다음에 놓인 것은 하나님의 깊은 의도를 보여 준다. 하나님의 사랑과 은혜로 구원을 얻은 사람들은 예배를 통해서 그분께 응답해야 한다. 기독교는 예배의 종교다. 따라서 예배가 무너지면 신앙의 모든 것이 무너지게 된다.

둘째, 예배란 창조주 하나님께 영광을 돌리는 것이다. 하나님은 성도들이 드리는 예배를 통해서 당신의 거룩함이 나타나길 원하실 뿐 아니라 영광받기를 원하신다(레 10:3). 이스라엘 백성은 안식일에 자신들을 애굽에서 구출해 주신 하나님의 구원을 기억하며 천지를 창조하신 하나님께 영광을 돌렸다. 피조물이 하나님께 영광을 돌리는 최고의 방법이 바로 예배다.

셋째, 예배란 최고의 가치를 하나님께 드리는 것이다. 예배는 영어로

worship으로, 가치를 뜻하는 worth와 신분을 나타내는 ship의 합성어다. 예배는 근본적으로 나를 위한 것이 아니고 하나님을 위한 것이다. 그래서 예배를 다른 말로 service라고 한다. 예배는 하나님께로부터 뭔가를 얻으려고 드리는 것이 아니라 그분께 자신의 최선을 드리는 것이다. 그렇게 함으로써 하나님의 사랑과 위로를 얻는 것이다.

자신을 드림으로써 은혜를 얻는 것이 예배다. 그러므로 예배하는 사람은 내적으로는 마음의 중심을 드려야 하고(요 4:24) 외적으로는 무릎을 꿇고 굽혀 경배하듯(시 95:6) 최고의 존경을 표시해야 한다. 예배 시간을 지키는 것은 하나님을 경외하는 태도 중 하나다. 대통령을 만나러 가면서 늦는 사람은 없을 것이다. 그것이 최소한의 예의이기 때문에 그렇다. 한편, 예배는 집중해서 드려야 한다. 우리의 생각을 드리는 것도 예물이 되기 때문이다.

넷째, 예배는 축제가 되어야 한다. 예배는 경건하게 드려야 하지만 구약에서 드린 제사처럼 지나치게 엄숙할 필요는 없다. 예배 때 성령의 임재가 충만하면 예배자들은 다양한 방법으로 반응할 수밖에 없다. 이럴 때 예배는 자연스럽게 축제가 될 수밖에 없다.

예배에는 기본적으로 말씀 선포와 성도의 교제, 성찬, 기도가 있어야 하며(행 2:42) 하나님께 드리는 헌금(대상 16:29)과 찬양이 있어야 한다. 특히 찬양은 예배에서 결코 소홀히 취급해선 안 되는 요소다(시 47:1-2, 5, 골 3:16). 찬양은 우리를 구원하신 하나님께 절대적인 신뢰를 선언하는 것이며 사탄의 공격에 대해 믿음의 방패를 드는 것이다. 찬양을 드릴 때 성령께서 우리의 삶 가운데 자유롭게 운행하신다. 모든 성도가 입을 모아 찬양할 때 성도의 연합이 이루어질 뿐 아니라 우리의 마음과 귀가 주님께 집중할 수 있다.

• 안식일과 주일의 차이

안식일과 주일이 어떻게 다른지를 묻는 사람이 많다. 먼저 안식일의 의미를 생각해 보자. 십계명의 제4계명을 보면 안식일을 기억하여 거룩하게 지키라고 되어 있다. 안식일을 거룩하게 지키는 방법은 예배를 드리고 쉬는 것이다. 그래서 안식일은 예배의 날이요 동시에 쉼의 날이다. 이스라엘 백성들은 안식일에 창조의 하나님과 구원의 하나님을 기억하며 예배를 드렸고, 아무 일도 하지 않고 쉬었다. 안식일은 하나님께서 창조를 완성하신 날로서 하나님도 7일 중 하루를 쉬셨다.

그런데 성전 시대에는 안식일에 예배를 드렸지만 교회 시대에는 일주일 중의 첫날인 주일에 예배를 드리고 있다. 그 이유는 예수님의 부활과 관련이 있다. 예수님의 십자가와 부활은 죄인이 구원을 얻을 수 있는 근거가 된다. 특히 예수님의 부활은 죄인에게 구원의 길을 열어 준 사건이다. 그래서 예수님이 부활하신 날을 예배의 날로 정한 것이다(행 20:7, 고전 16:2). 이 날을 일요일이라 부르지 않고 주님의 날이라는 의미로 주일(Lord's Day)이라고 부르고 있다.

안식일이 창조를 완성하신 날이라면 주일은 구원을 완성하신 날이다. 여기서 주목할 것은 안식일의 정신이 주일로 옮겨졌다는 것이다. 주일은 예배의 날이요 쉼의 날이다.

그리스도인은 주일을 거룩하게 지켜야 한다. 어떻게 해야 거룩하게 지키는 것일까? 주일마다 십자가의 사랑과 은혜를 묵상하면서 예배를 드리고, 하나님의 은혜에 대한 보답으로 봉사를 하며, 쉼을 통해 안식에 참여하는 것이 주일을 거룩하게 지키는 길이다.

그렇다면 스스로 자문해 볼 일이다. '나는 과연 주일을 거룩하게 지키고 있는가?' 예배보다 봉사 중심의 예배를 드리는 사람이 있는가 하면, 예배와 봉사만 있고 쉼이 없는 사람도 있다. 이는 하나님이 기뻐하시는 예배가 아니다. 따라서 그리스도인은 예배와 봉사, 쉼이 균형을 이룬 주일을 지켜야 한다. 그것이 거룩하게 주일을 지키는 것이며 하나님을 기쁘시게 하는 것이다.

• 모여서 드리는 예배와 흩어져서 드리는 예배

일반적으로 예배는 교회에 모여서 함께 드리는 것으로만 이해하는 경향이 있다. 많은 한국교회 성도들이 교회 안의 삶과 교회 밖의 삶이 다른 이유는 이 같은 예배에 대한 오해에서 비롯된 것이라 생각한다. 예배는 함께 모여서 의식으로 드리는 예배와 흩어져서 삶으로 드리는 예배가 있다. 이 두 가지 형식의 예배가 균형을 이뤄야 온전한 예배가 된다. 그리스도인은 교회 안에 있든지 교회 밖에 있든지 간에 참 예배자가 되어야 한다.

요즘 TV 교인, 인터넷 교인, 모바일 교인이 늘어나고 있다. 피치 못할 사정이 있으면 어쩔 수 없는 일이다. 그렇게라도 예배드릴 수 있어서 다행이다. 물론 미디어를 이용해서 예배를 드리는 것이 예배학적으로 옳은 것인지에 대한 논란은 여전히 진행 중이다. 그런데 공동 예배를 드리지 않는 이유가 개인의 주관이나 철학에 의한 것이라면 그것은 성경적으로 올바른 태도가 아니라고 생각한다.

한편, 함께 모여 의식으로 드리는 예배만큼 중요한 것이 흩어져서 삶으로 드리는 예배다. 무엇이 삶으로 드리는 예배일까? 삶의 자리에서도 교회처럼 예배드리는 것은 물론 아니다. 일상에서 말씀을 묵상하고 기도하는 것은 좋은 예배자의 모습이다. 그러나 삶으로 드리는 예배란 하나님의 말씀을 생활 속에서 실천하는 것을 의미한다. 매사를 성경적으로 판단하고 하나님의 뜻에 합한 것을 선택하는 것, 성경적 가치관을 따라서 사는 것이 곧 삶으로 드리는 예배요 자신의 삶을 산 제사로 드리는 예배다(롬 12:1).

하나님은 삶으로 드리는 예배를 기뻐하신다. 하나님께서 왜 가인의 제사는 거절하시고 아벨의 제사는 받으셨을까? 당시엔 하나님께 드릴 제물에 대하여 구체적인 언급이 없었기 때문에 제물에 문제가 있는 것은 아니었다. 그렇다면 무엇이 문제였을까? "네가 선을 행하면 어찌 낯을 들지 못하겠느냐"(창 4:7)라는 하나님의 반문에서 그 이유를 찾을 수 있다. 가인의 제사가 거절된 것은 삶으로 드리는 예배가 없었기 때문이다. 이 비슷한 예를 이스라엘에서 찾을 수 있다.

> 내가 너희 절기들을 미워하여 멸시하며 너희 성회들을 기뻐하지 아니하나니 너희가 내게 번제나 소제를 드릴지라도 내가 받지 아니할 것이요 너희의 살진 희생의 화목제도 내가 돌아보지 아니하리라 네 노랫소리를 내 앞에서 그칠지어다 네 비파 소리도 내가 듣지 아니하리라 **암 5:21-23**

하나님은 이스라엘 백성들이 드리는 모든 제사를 기뻐하지 않는다고 말씀하신다. 그들에게서 삶으로 드리는 예배를 찾아볼 수 없었기 때문이다. 한 주일 동안 하나님의 말씀과 상관없이 살다가 안식일이면 거룩하게 옷을 차려입고 경건한 척 예물을 드리는 위선을 하나님은 경멸하셨다. 하나님은 함께 모여 의식으로 드리는 예배와 삶으로 드리는 예배를 모두 받으신다. 이 둘이 동시에 드려질 때 하나님께서 기뻐하시는 예배가 된다.

· 성찬식의 의미

성찬식은 예수님이 십자가의 희생을 기념할 것을 당부하신 교회의 중요한 예식이다(눅 22:19-20). 교회는 예수님이 말씀하신 대로 성찬식을 통해 예수님의 살과 피를 기념하고 있다(고전 11:23-26).

그런데 천주교회는 성찬식에서 먹는 떡과 포도주가 진짜 예수님의 살과 피라고 주장한다. 그러면서 포도주는 사제들만 먹고 신도들에게는 떡만 준다. 이것은 성경적인 성찬식이 아니라고 생각한다.

성찬식은 성도의 교제에 있어서 매우 중요한 의식이다. 모든 성도가 예수님의 살과 피를 함께 먹는 것은 그리스도 안에서 한 가족이 되었음을 선포하는 것이다. 성찬만큼 성도의 연합을 이루는 것이 없다. 성찬에 참여함으로써 우리는 그리스도와 하나될 뿐 아니라 다른 성도와 하나된다.

떡은 우리를 위해 찢기신 예수님의 몸을 의미한다. 그러므로 떡을 먹을 때마다 나를 위해서 희생당하신 예수님의 은혜와 나 같은 죄인을 위해서 고난당하신 예수님의 사랑을 느낄 수 있어야 한다. 성찬이 좋은 이유는 잊어버리고 살기 쉬운 은혜와 사랑을 되새겨 준다는 것이다. 그리고 예수님의 몸은 생명의 떡이다(요 6:48). 이 떡을 먹는 자는 영원히 살 것이라고 주님은 말씀하셨다(요 6:51). 예수님만이 우리의 구원이요 생명이며 소망이 되신다는 의미다. 떡을 먹을 때마다 이와 같은 고백을 해야 한다. 그럴 때 성찬의 은혜가 더 깊어질 것이다.

잔은 우리를 위해서 십자가에서 흘리신 예수님의 피를 의미한다. 예수님의 피는 보혈이다. 십자가의 보혈로 우리의 죄는 사함을 받았다(마 26:28). 이처럼 보혈은 우리의 죄와 허물을 정결케 하는 능력이 있다. 뿐만 아니라 보혈은 육신의 질병과 마음의 병을 고치는 능력이 있다. 왜냐하면 예수님은 우리를 죄에서만 구원하시지 않고 우리의 모든 연약함과 질병에서도 구원하셨기 때문이다(마 8:17). 이와 같은 믿음을 가지고 잔을 받아 마시면 보혈의 능력이 나타날 것으로 믿는다.

성도 간의 교제

· 교회 공동체에 대한 올바른 이해

예수님은 제자들에게 두 가지를 당부하셨다. 성령을 받으면 땅끝까지 증인이 되라(행 1:8)는 것과 서로 하나되라는 것이 그것이다. 특히 예수님은 제자들을 위한 기도에서 아버지가 내 안에 계시고 내가 아버지 안에 있는 것처럼 우리가 완전히 하나가 되게 해달라고 간곡히 기도하셨다(요 17:21-23).

모든 그리스도인은 하나님의 가족으로서 친밀한 구성원이 될 필요가 있다. 예수님께서 하나님의 뜻을 행하는 사람은 모두 형제요 자매요 어머니라고 말씀하셨기 때문이다(막 3:34-35). 우리는 공동체 안에서 서로 배우고 섬기고 사랑하면서 살아야 한다. 교회 공동체는 다양한 배경을 가진 사람들이 모인 곳이기 때문에 서로 노력하지 않으면 그리고 성령의 다스림을 받지 않으면 하나 되기가 어렵다.

그러므로 모든 성도는 다음과 같은 몇 가지 사실을 인식하고 실천해야 한다.

첫째, 지체 의식을 가져야 한다. 성도는 그리스도 안에서 한 몸이 되어 서로 지체가 되어야 한다(롬 12:5). 왜냐하면 성도는 예수님의 몸을 구성하는 일부이기 때문이다(고전 12:27, 엡 5:30).

둘째, 주 안에서 하나가 되어야 한다. 그리스도의 몸이 하나이고 성령도 하나이듯 모든 성도는 한 소망 안에서 부르심을 받았기 때문에 하나가 되어야 한다(엡 4:4). 예수님은 제자들이 그리고 후에 세워질 교회가 연합하여 하나되게 해달라고 기도하셨다(요 17:11). 그리스도인의 하나됨이 복음의 본질인 것을 기억해야 한다. 그러므로 교회의 연합을 방해하는 학연 지연과 같은 사적인 모임은 금지하는 것이 좋다.

셋째, 각 사람의 다양성을 이해해야 한다. 교회 구성원들은 하나님께 받은 은사가 다르고(엡 4:7) 믿음의 정도도 다르며(롬 14:1, 3) 인간적인 배경도 다르다. 그러나 우리는 서로 다름을 통해서 하나님의 영이 거하시는 성전으로 지어져 가야 한다. 모양도 다르고 소리도 다른 악기들이 아름다운 화음을 내는 것처럼 거대한 영적 오케스트라가 되어야 한다.

넷째, 서로 사랑해야 한다. 교회의 생명은 사랑의 연합에 있다. 사랑은 말과 혀로 하는 것이 아니라 행함과 진실함으로 하는 것이다(요일 3:18). 사랑은 교회 연합에 강력한 힘이다.

다섯째, 서로 덕을 세워야 한다(살전 5:11). 교회 안에서 성도는 서로에게 해를 끼치기보다 덕을 세우기 위해 노력해야 한다. 그를 위해 자신의 언행이나 봉사가 성도들에게 은혜가 되고 덕이 되는지를 항상 점검해야 한다.

• 교회를 세우는 교인되기

교회는 어느 기관보다 사탄의 역사가 강하게 일어나는 곳이다. 사탄은 하나님께서 세상에 교회를 세우신 목적을 누구보다 잘 알기 때문이다. 하나님은 성도들이 하나님을 예배하고, 지상에서 천국을 경험하며, 세상을 구원할 방주가 되게 하기 위하여 세상에 교회를 세우셨다. 사탄은 교회가 그 사명을 감당하지 못하도록 어떡하든지 분열을 획책한다. 그들의 공격 무기는 갈등과 다툼과 분열이다. 교회 안에 정죄, 비판, 험담, 당 짓기 등과 같은 사탄의 성향이 많아지면 많아질수록 교회 공동체는 지옥이 되고 만다. 당연히 사명을 올바로 감당할 수 없는 죽은 교회가 되고 마는 것이다.

그러므로 모든 성도는 교회의 부흥을 위해 헌신해야 한다. 교회 공동체를 강건하게 세우려면 성도들이 자랑을 잘해야 한다. 예수님을 자랑하고, 교회를 자랑하고, 목사님을 자랑해야 한다. 그럴 때 교회는 천국 공동체가 될 것이며 사탄의 공격이 부러진 화살이 되고 말 것이다.

• 성도가 해서는 안 되는 교제

첫째, 성도는 불신자와의 교제에 신중해야 한다. 이 말은 불신자들에게 복음을 전하지 말라는 의미가 아니다. 전도를 목적으로 불신자들에게 가까이 가는 것은 예수님의 명령을 수행하는 훌륭한 순종이다. 그러나 그 모임이 은혜를 소멸시키거나, 죄를 짓게 하는 모임이라면 피하는 것이 좋다. 또는 사치성 모임이거나 죄책감을 갖게 하는 모임이라면 피하는 것이 좋다. 물론 선한 영향을 끼쳐서 그들이 하나님 앞으로 나오게 된다면 이보다 더 좋은 일은 없을 것이다. 그러나 오히려 모임에 참석할 때마다 자신이 나쁜 영향을 받는다면 피하는 것이 좋다.

둘째, 귀신들과는 교제하지 말아야 한다. 점 보기, 사주팔자 보기, 관상 보기, 궁합 보기, 기 수련, 단전호흡 등은 다 귀신과 교제하는 것으로 하나님의 사랑과 섭리 안에서 살아가는 그리스도인들에게 불필요한 것들이다. 요즘 젊은 커플들이 자신의 미래가 궁금해서 주변에서 손쉽게 점을 보곤 하는데 아무 유익이 없는 불신앙적 행위라는 것을 명심해야 한다.

셋째, 어두움의 일들과는 교제하지 말아야 한다. 세상은 밝은 곳보다 어두운 곳이 많다. 사람을 병들게 하고 피폐하게 만드는 곳이다. 알코올, 도박, 마약, 사행성 놀음, 음주 등은 모두 어두움의 일로서 그리스도인들이 멀리해야 할 것들이다. 그리고 이단 역시 절대로 피해야 할 대상이다.

왜 일대일 제자양육인가

여섯 번째 만남: 전도

하나님은 인간에게 두 가지 사명을 주셨다.

첫째 사명은 모든 인간에게 주신 것으로서, 생육하고 번성하여 땅에 충만하며 모든 생물을 다스리라(창 1:28)는 것이었다. 하나님은 인간에 의하여 자연이 건강하고 아름답게 관리되길 원하신다. 창조주 하나님을 믿는 그리스도인은 누구보다도 이 명령을 잘 수행해야 한다. 갈수록 심각해지는 환경 문제를 해결하기 위해 앞장서는 것이 대표적인 예다.

둘째 사명은 믿는 자들에게 주신 것으로서, 모든 족속을 제자 삼고 세례를 주며 주님이 주신 말씀을 가르쳐 지키게 하라(마 28:19-20)는 것과 성령받고 땅끝까지 증인이 되라(행 1:8)는 것이다. 하나님은 전도와 선교라는 방법을 통해서 이 세상을 구원하기 원하신다. 내가 타인보다 먼저 구원을 얻은 것은 나를 구원의 통로로 쓰시기 위한 하나님의 계획이다. 내가 복음을 전하지 않아서 아직 구원에 이르지 못한 사람이 있을 수 있다는 사실을 인식해야 할 것이다.

한편, 하나님께서 이 땅에 교회를 세우신 까닭은 교회가 구원의 방주로 역할하기를 원하시기 때문이다. 만일 교회가 구원의 방주 역할을 감당하지 못하고 있다면 하나님의 뜻은 그만큼 지연될 것이다.

예수님의 열정 알기

우리가 전도와 선교에 대한 사명감을 더욱 갖기 위해서는 복음 증거에 대한 예수님의 열정을 알 필요가 있다. 세상 사람을 구원하시려는 예수님의 열정은 사복음서와 사도행전에서 드러난다. 다음은 그분의 유언

과도 같은 말씀들이다.

예수께서 나아와 말씀하여 이르시되 하늘과 땅의 모든 권세를 내게 주셨으니 그러므로 너희는 가서 모든 민족을 제자로 삼아 아버지와 아들과 성령의 이름으로 세례를 베풀고 내가 너희에게 분부한 모든 것을 가르쳐 지키게 하라 볼지어다 내가 세상 끝날까지 너희와 항상 함께 있으리라 하시니라 **마 28:18-20**

또 이르시되 너희는 온 천하에 다니며 만민에게 복음을 전파하라 믿고 세례를 받는 사람은 구원을 얻을 것이요 믿지 않는 사람은 정죄를 받으리라 믿는 자들에게는 이런 표적이 따르리니 곧 그들이 내 이름으로 귀신을 쫓아내며 새 방언을 말하며 뱀을 집어올리며 무슨 독을 마실지라도 해를 받지 아니하며 병든 사람에게 손을 얹은즉 나으리라 하시더라 **막 16:15-18**

또 이르시되 이같이 그리스도가 고난을 받고 제삼일에 죽은 자 가운데서 살아날 것과 또 그의 이름으로 죄 사함을 받게 하는 회개가 예루살렘에서 시작하여 모든 족속에게 전파될 것이 기록되었으니 너희는 이 모든 일의 증인이라 **눅 24:46-48**

예수께서 또 이르시되 너희에게 평강이 있을지어다 아버지께서 나를 보내신 것같이 나도 너희를 보내노라 이 말씀을 하시고 그들을 향하사 숨을 내쉬며 이르시되 성령을 받으라 너희가 누구의 죄든지 사하면 사하여질 것이요 누구의 죄든지 그대로 두면 그대로 있으리라 하시니라 **요 20:21-23**

오직 성령이 너희에게 임하시면 너희가 권능을 받고 예루살렘과 온 유대와 사마리아와 땅끝까지 이르러 내 증인이 되리라 하시니라 **행 1:8**

예수님의 말씀의 요지는 제자를 삼고 세례를 주고 가르쳐 지키게 하라, 복음을 전파하라, 증인이 되라는 것이다. 이것을 현대적 언어로 표현하면 '전도하고 선교하라'다.

이 말씀 이후에 교회가 등장한다. 사도들이 전한 복음을 듣고 구원을 받은 사람들이 모이자 교회가 세워졌다. 그리고 교회는 구원의 방주 역할을 충실하게 감당했다. 이런 공식으로 복음은 한국 땅까지 전해질 수 있었다. 그러므로 모든 믿는 자들은 이 명령을 사명으로 알고 순종해야 한다. 전도와 선교는 선택이 아니라 필수이며 동시에 은사가 아니라 사명이라는 사실을 기억해야 한다.

세상을 올바로 이해하기

구원에 대한 예수님의 마음을 알았다면 전도에 대한 이해를 새롭게 할 필요가 있다.

첫째, 세상에 대한 이해를 새롭게 해야 한다. 세상은 복음으로 정복해야 할 곳이다. 세상은 하나님의 구원이 실현될 곳이다. 따라서 교회는 복음 전파의 대상인 세상과 대립해서도 타협해서도 안 된다. 교회가 취할 태도는 복음을 가지고 들어가 세상을 변혁하겠다는 것이어야 한다. 그리스도인은 세상으로부터 부름을 받고 동시에 세상으로 보냄을 받은 자들이다. 따라서 그리스도인이 있는 곳은 그곳이 어디든 하나님 나라가 세워지는 변혁이 일어나야 한다. 예를 들면, 예수 믿는 며느리가 불신

집안에 시집을 왔는데 몇 년이 흐른 뒤에 시댁 식구 모두가 예수를 믿고 구원을 얻는 변혁이 일어나야 하는 것이다.

둘째, 세상 사람들에 대한 이해를 새롭게 해야 한다. 세상의 모든 사람은 구원받을 대상이다. 하나님은 믿는 사람만 사랑하지 않고 불신자들도 사랑하신다. 그들은 불신자가 아니라 예비 교인이다. 우리와 상관없는 자들이 아니라는 것이다. 그래서 그들의 구원에 대하여 관심을 가져야 하며, 그들을 전도 대상자로서 인식해야 한다. 쇼핑할 때나 여행할 때나 사업할 때나 만나는 모든 사람이 전도 대상임을 기억해야 한다.

셋째, 세상일을 올바로 이해해야 한다. 그리스도인은 교회의 일과 생업으로 하는 일을 거룩한 것과 세속적인 것으로 구분하지 말아야 한다. 이 둘은 동일하게 거룩한 것이다. 왜냐하면 모든 것은 하나님의 주권 아래 있기 때문이다. 그러므로 교회의 일은 성실하게 하고 직장과 가정일은 불성실하게 해서는 안 된다. 그리스도인은 불신자들보다 더 성실하고 정직하게 맡은 일을 해야 한다. 그래야만 신뢰를 받을 수 있다. 주를 위한 일은 물론 생업을 위해서 하는 일도 주께 하듯 해야 한다(골 3:23). 일은 창조의 원리(창 3:17-18)에 속한다는 사실을 기억해야 한다.

전도 방법 배우기

모든 그리스도인은 자신이 예수의 증인이라는 신분을 잊어서는 안 된다. 이것이 복음 전파의 기본 자세다. 안드레가 형 베드로에게 메시아를 만났다고 증거했듯이(요 1:40-42) 부끄러워하지 말고(롬 1:16) 본 대로 느낀 대로 예수를 증거해야 한다(행 22:15).

전도하는 방법은 생활을 통한 전도와 입을 열어 하는 전도 등 두 가지가 있다.

첫째, 생활을 통한 전도를 하려면 먼저 말씀을 실천함으로써 본을 보여야 한다. 믿는 자들이 선한 행실을 하면 그것이 구원의 문을 여는 통로가 된다. 또한 하나님께는 영광이 된다(빌 2:15, 마 5:16). 우리 모두는 생활 속에서 행동과 말로 복음서를 쓰는 자들이다. 불신자들은 우리가 써 내려가는 이 복음서를 지켜보고 있다. 한편, 믿는 자는 행복하게 살아야 한다. 고난도 믿음으로 이기면서 살아야 한다. 행복과 승리의 이유가 예수님께 있다는 사실을 알게 될 때 불신자들이 예수님께 관심을 갖게 된다. 이것이야말로 삶으로 구원을 보이는 것이다. 그리고 어느 곳에서나 어떤 일을 하든지 진실된 그리스도인으로서 인정받아야 한다. 그것이 곧 구원의 문이 된다.

생활 전도법을 간단히 소개하면 다음과 같다.

첫째, 전도 대상자를 기도하여 정한다. 그리고 계속 대상자를 위해서 기도한다.

둘째, 대상자에게 친절과 호의를 베풀어서 관심을 갖게 한다. 이것은 대상자가 마음의 문을 열게 하는 좋은 방법이다.

셋째, 기회가 될 때 대상자를 초대해서 사랑을 베푼다. 이때는 대상자가 부담을 느낄 수 있으므로 복음을 전하지 않아도 된다.

넷째, 다시 한 번 초대한다. 이때 자신이 어떻게 예수를 믿게 되었으며 구원을 얻은 후 삶의 변화가 어떻게 긍정적으로 나타났는지를 소개해 준다.

다섯째, 이때 만약 대상자가 예수님께 관심을 보이면 복음을 전하거나 교회로 초청한다.

둘째, 입을 열어 전도하려면 본인이 먼저 구원의 확신을 가지고 예수 안에 있는 소망을 가지고 살아야 한다. 그러면 타인이 관심을 갖게 될 것이고 그때 자신이 체험한 예수님을 고침 받은 소경처럼 간증하면 된다(요 9:25). 한편 효과적인 전도를 하려면 전략이 필요하다. 여기서 중요한 것은 전략은 달라도 복음의 내용 즉 예수님을 통한 구원은 같아야 한다는 것이다. 전도 방법에는 전도지 제공 혹은 사영리 같은 복음 제시와 성경공부나 간증 등을 대상자에 따라서 활용할 수 있다. 특히 입을 열어 전도하려면 다음과 같은 복음의 중요한 내용을 반드시 숙지하고 있어야 한다.

· 죄는 무엇인가?

· 왜 인간은 죄인이 되었는가?

· 죄는 어떻게 해결할 수 있는가?

· 예수님은 누구인가?

· 예수님은 왜 믿어야 하는가?

· 예수님은 어떻게 믿는가?

· 예수님을 믿으면 어떤 변화가 일어나는가?

· 하나님은 어떤 분인가?

입을 열어 전도할 때 여러 가지 이유로 거절당할 수 있다. 사실 영접보다는 거절이 비교될 수 없을 만큼 많은 것이 사실이다. 믿을 생각이 없다, 기독교를 싫어한다, 나는 불교인이다, 귀찮게 굴지 말라 등의 말을 듣게 될 것이다. 이때 당황하지 말고 여유 있는 표정으로 "다음에 다시 오겠습니다" "그래도 믿어야 됩니다" 하고 마무리하면 된다. 오늘날 사람들은 삶으로 실천되는 것만을 진리로 믿으려고 한다. 그러므로 일상생활 속에서 복음이 삶으로 실천될 때 성령께서 일하실 것이다.

일곱 번째 만남: 성령 충만한 삶

성령 하나님을 올바로 아는 것은 신앙생활을 성숙하게 하는 데 매우 중요하다. 우리가 구원을 얻는 것은 물론 구원 얻은 자답게 사는 것도 성령님에 의해서만 가능하기 때문이다. 엄밀히 말해서 성령님을 모르면 온전한 신앙생활을 할 수가 없다. 성령님은 우리를 거듭나게 하실 뿐 아니라 그리스도 중심으로 살아가도록 힘을 주신다. 성령에 관한 몇 가지 필수 사항을 알기 쉽게 단계별로 살펴보고자 한다.

성령과 구원

처음엔 예수 믿고 구원을 얻은 것이 나의 선택과 결정으로 이루어진 일로 안다. 즉 내가 믿었기 때문에 구원을 얻었다고 생각한다. 이는 구원의 주체가 하나님께 있지 않고 자신에게 있다고 여기는 것이다. 그러나 얼마 후 말씀을 통해서 새로운 사실을 알게 된다. 즉 내가 얻은 구원이 나의 선택과 결정에 의한 것이 아니라 성령님에 의해서 일어난 영적 사건이라는 것을 깨닫는 것이다.

성령님에 의하지 않으면 어느 누구도 예수님을 믿을 수 없다(고전 12:3). 성령님의 역사가 아니면 예수님을 자신의 구세주라고 고백할 수가 없다. 이 사실이 깨달아지면 예수님이 나를 위하여 십자가에서 죽으시고 부활하신 사실이 믿어진 것 자체가 하나님의 은혜였음을 알게 된다(엡 2:8). 동시에 구원의 주체가 나에게 있지 않고 성령님께 있다는 것을 알게 된다. 이때 우리는 하나님의 은혜와 사랑을 깨닫게 된다.

예수님을 믿고 싶어도 믿어지지 않아서 못 믿는 사람이 세상에는 많다. 그 많은 사람 중에서 예수님을 믿게 된 것이 얼마나 큰 은혜인지 모른다. 나 같은 죄인을 구원하기 위한 예수님의 희생이 얼마나 큰 사랑인지 모른다. 이 사실을 깨닫게 될 때 비로소 진정한 믿음 생활이 시작된다.

물세례와 성령 세례

물세례는 예수님을 믿고 구원받은 사람들이 그 증표로서 받는 예식이다. 물세례를 받았기 때문에 구원을 얻는 것이 아니라 구원을 얻었기 때문에 물세례를 받는 것이다.

성령 세례는 우리가 얻은 구원과 깊은 관계가 있다. 우리가 예수님을 믿고 구원을 얻는 과정에서 성령의 역사가 반드시 나타난다. 불신자가 신자가 되는 결정적인 상황, 즉 예수님을 자신의 구세주로 믿고 받아들이는 상황에서 나타나는 것이 성령 세례다. 그런데 성경을 보면 성령 세례의 세 가지 경우를 발견할 수 있다.

첫째는 물세례와 성령 세례를 동시에 경험하는 경우다. 베드로는 이 과정을 잘 설명해 주었다. 그에 의하면 회개하고 예수의 이름으로 세례를 받으면 죄 사함을 얻게 되고 성령을 선물로 받게 된다는 것이다(행 2:38). 예수님의 경우 세례 요한에게 물세례를 받을 때 비둘기 같은 성령의 임재 곧 성령 세례를 동시에 경험하셨다(마 3:16-17). 물론 예수님은 죄가 있어서 세례를 받으신 것이 아니기 때문에 죄 사함을 얻기 위해서 받는 물세례와는 구별된다. 바울도 같은 경험을 했다. 바울이 에베소에서 만난 제자들에게 성령을 받았느냐고 물었을 때, 제자들은 요한의 세례만 알 뿐 성령에 관해서 아는 바가 전혀 없었다. 그런 그들에게 바울이 복음을 설명한 후 예수의 이름으로 세례를 주며 안수하자 그들이 성령 세례를 받아 방언과 예언의 은사를 받았다(행 19:1-6). 물세례와 성령 세례를 거의 동시에 경험한 것이다.

둘째는 물세례를 받은 이후에 성령 세례를 경험하는 경우다. 사마리아 지방의 성도들은 예수님의 이름으로 물세례를 받았지만 성령 세례를 경험하지는 못했다. 베드로와 요한이 그들이 성령받기를 기도하고 안수하자 성령 세례가 임했다(행 8:14-17). 그들은 빌립이 증거한 복음을 듣고 예수님을 믿어 물세례를 받았지만 성령 체험은 그 후에 하게 된 것이다.

예수님의 제자들도 이들과 같은 경우다. 제자들은 예수님이 살아 계실 때 그분을 구세주로 믿고 구원을 얻었다. 그러나 성령 체험은 하지 못했다. 예루살렘을 떠나지 말라는 예수님의 당부에 따라(행 1:4-5) 오순절에 마가의 다락방에 모여 기도하던 중에 제자들은 성령을 체험했다(행 2:1-4). 이런 사실을 볼 때 예수님을 인격적으로 영접할 때 그리고 물세례를 받을 때 성령 세례가 임하지 않을 수도 있다. 그러나 그 이후라도 성령 체험은 반드시 할 필요가 있다.

셋째는 성령 세례를 먼저 경험한 후에 물세례를 받는 경우다. 베드로는 로마 백부장인 고넬료 집으로 심방을 갔다. 이것은 성령께서 계획하신 일이었다. 베드로가 복음을 증거하고 있을 때 고넬료 집안의 모든 사람들이 성령을 체험하였다. 그들은 말씀을 들을 때 예수님을 믿는 믿음이 생겼고 그 믿음에 근거하여 성령 세례를 체험하게 되었다. 그런 그들에게 베드로가 물세례를 베풀었다(행 10:44-48).

세 가지 경우에서도 알 수 있듯이 성령 세례 혹은 성령 체험은 반드시 필요하다. 성령 세례를 경험해야만 죄 사함과 구원을 확신할 수 있고 하나님의 사랑을 체험할 수 있기 때문이다. 진정한 믿음 생활은 성령을 체험할 때 비로소 시작된다. 그러므로 구원과 성령 세례는 모든 성도가 일생에 한 번은 반드시 경험해야 할 중요한 사건이다. 그러나 성령 세례는 예수님을 영접할 때 임할 수도 있고 영접 이후에 임할 수도 있다.

성령의 내주하심

예수님을 믿고 구원을 얻으면 우리 안에서 놀라운 변화가 일어난다. **첫 번째 변화는 성령님과 동거하는 자가 되었다는 것이다.** 성령께서 우리 안에 들어오신다는 것이다. 이것을 성령의 내주하심이라고 말한다. 성령의 내주하심은 평생 한 번 경험하는 영적 사건이다. 누구든지 예수님을 믿고 구원을 얻으면 성령께서 믿는 자 안에 들어오신다. 다시 말하면 성령님은 믿는 자의 마음을 당신의 거처로 삼으신다.

성령님은 기분이나 상황에 따라서 들락날락하시는 분이 아니다. 따라서 성령님이 내 안에 계신 것도 같고 안 계신 것도 같다는 말은 어불성설이다. 그래서 요한은 예수님 믿는 것을 영접하는 것으로 설명했으며 (요 1:12), 믿음 생활을 성령님과 동거동락하는 것으로 설명했다(계 3:20).

사도 바울은 고린도 교회 성도들이 이 문제로 흔들리고 있을 때 다음과 같이 가르쳤다.

> 너희는 너희가 하나님의 성전인 것과 하나님의 성령이 너희 안에 계시는 것을 알지 못하느냐 **고전 3:16**

예수님을 믿고 구원을 얻었다면 성령님은 그 안에 내주하신다. 나의 느낌과 상관없이 성령님은 믿는 자 안에서 거하신다. 사도 요한은 성령의 내주하심을 다음과 같이 설명했다.

그의 성령을 우리에게 주시므로 우리가 그 안에 거하고 그가 우리 안에 거하시는 줄을 아느니라 **요일 4:13**

그렇다면 성령님은 왜 믿는 자들의 몸을 당신의 거처로 삼으실까? 그 이유는 간단하다. 성령님이 우리의 주인이기 때문이다. 하나님은 우리를 값을 치르고 사셨다(고전 6:20). 그것은 값으로 환산할 수 없는 희생이었다. 그러므로 우리는 더 이상 우리의 것이 아니다. 하나님의 것이다(고전 6:19). 성령님이 우리의 몸을 당신의 거처로 삼으신 것은 당연하다.

그리스도인은 하나님과 동거하는 동시에 동행하는 자들이다. 성령님은 내가 있는 곳에 항상 함께 계신다. 내가 가는 곳에 그분도 동행하신다. 내가 슬퍼하면 그분도 슬퍼하신다. 내가 기뻐하면 그분도 기뻐하신다. 내가 죄를 지으면 그분은 내 안에서 탄식하신다.

우리는 인생 여정에서 많은 고난과 고통을 겪는다. 하지만 우리는 결코 혼자가 아니다. 성령님이 그 순간에도 함께하시기 때문이다. 믿음의 눈으로 이것을 볼 수 있어야 한다.

두 번째 변화는 우리의 몸이 성령의 전 곧 성전이 되었다는 것이다(고전 3:16-17, 6:19). 죄로 인하여 병들었던 우리가 성령이 내주하심으로 성전이 된 것이다. 참으로 놀라운 변화다. 이스라엘 백성들에게 성전은 하나님이 계신 곳이었고 그래서 거룩한 집이었다. 그러나 예수님이 이 땅에 오셔서 십자가에서 죽으시고 부활하신 후에는 성전은 더 이상 눈에 보이는 건물이 아니다. 하나님은 더 이상 건물의 좁은 공간에만 임재하시는 분이 아니다. 이제는 하나님이 계신 그곳이 곧 성전이다.

성전의 특징은 예배, 거룩 그리고 하나님의 영광이다. 우리가 평생 예배자가 되어야 하는 것은 우리의 몸이 성전이기 때문이다. 우리가 평생 거룩하게 살아야 하는 이유 또한 우리의 몸이 성전이기 때문이다. 우리가 평생 하나님께 영광을 돌리면서 살아야 하는 이유도 우리의 몸이 성전이기 때문이다.

그리스도인 중에 술과 담배 때문에 고민하는 사람들이 많다. 그들은 성경에 담배 피우지 말라는 구절이 없다고 항변한다. 술 먹는 사람들은 성경에 술 취하지 말라고만 기록했지 먹지 말라는 구절이 없다고 주장한다.

그러나 다른 각도에서 생각해 보자. 담배 연기와 니코틴 냄새가 거룩과 어울린다고 생각하는가? 담배 연기를 속으로 집어넣어 보라. 아마 성령님은 숨이 막혀서 날마다 기침만 하실지도 모른다. 담배 피우고 싶을 때마다 성령님이 고문당한다고 생각해 보라. 그리고 알코올 냄새와 흥분과 횡설수설이 거룩과 어울린다고 생각하는가? 술과 담배가 죄가 된다, 안 된다를 따지기 전에 그것들이 내 몸을 거룩하게 하는가 아닌가를 생각해야 한다.

한편, 우리의 몸이 불의의 도구가 되지 않도록 조심해야 한다. 죄짓는 도구, 사탄의 도구가 되어선 안 된다. 요즘 세상을 보라. 온통 죄를 범하기 쉬운 환경이지 않은가. 성도는 환경을 탓하지 않고 의의 병기 곧 하나님의 영광을 나타내는 일에 기꺼이 도구가 되어야 한다. 내 몸이 술집에 앉아 있다면 어찌 몸으로 영광을 돌릴 수 있겠는가? 어느 곳에 있든지, 어떤 일을 하든지 항상 하나님께 영광이 되는 자리인지를 먼저 생각해야 할 것이다.

성령 충만

모든 그리스도인이 구원을 얻을 때 성령을 받지만 언제나 신앙생활을 성령 충만한 상태에서 하는 것은 아니다. 성령을 통한 구원은 일회적인 사건이지만 성령 충만은 지속적인 사건이 되어야 한다. 다시 말해 성령 세례는 일회적으로 경험되는 사건이지만, 성령 충만은 지속적으로 경험되는 사건이다.

성령 충만이란 성령께 온전히 붙잡힌 바 된 상태를 말한다(엡 5:18). 즉 성령께서 온전히 다스리시는 상태를 의미한다. 성령 충만은 성령 세례 때 임한 하나님의 능력이 우리 삶에서 유지되도록 해준다. 술에 취한 사람은 술기운에 지배를 받아 부끄러운 일도 서슴지 않듯이, 성령 충만한 사람은 성령의 지배를 받아 하나님의 거룩과 능력을 나타내게 된다. 그러므로 성령 충만은 신앙생활 내내 지속적으로 경험되어야 할 영적 사건이다.

• 왜 성령 충만해야 하는가?

첫째, 하나님 중심으로 살기 위하여 성령 충만해야 한다. 성령 충만하면 자신의 계획과 생각들이 하나님 중심으로 조율된다. 하나님의 영광을 위해서 사는 것이 삶의 목적이 된다.

둘째, 하나님의 뜻에 합당하게 살기 위해서 성령 충만해야 한다. 성령 충만하면 하나님의 뜻을 분별할 줄 아는 지혜가 생긴다. 그래서 전에는 내 뜻대로 살았지만 성령의 사람이 되면 하나님의 뜻을 따라 살게 된다. 사람의 생각과 하나님의 생각을 분별하는 능력이 생기는 것이다.

셋째, 성령의 능력을 받기 위해서 성령 충만해야 한다. 성령 충만하면 죄와 사탄의 유혹을 물리칠 수 있는 능력, 고난을 감당할 수 있는 능력, 말씀대로 순종할 수 있는 능력을 얻게 된다. 예수를 믿고 새로운 생활을 시작하더라도 육신을 입고 이 세상에서 사는 한 죄짓는 일을 피하기는 불가능하다(요일 1:8). 우리 안에는 육체의 소욕과 성령의 소욕이 서로 대적하며 갈등하고 있다. 육체의 소욕은 성령을 거스르고 성령의 소욕은 육체를 거스른다(갈 5:17). 이 갈등은 우리 힘으로 다스릴 수 없다. 오직 성령의 능력으로만 이길 수 있다(슥 4:6). 그래서 성령 충만이 필요하다. 성령 충만하면 승리하는 생활을 하게 된다.

• 어떻게 성령 충만할 수 있는가?

첫째, 성령 충만의 필요성을 알고 간구해야 한다. 성령의 능력이 아니면 나는 아무것도 할 수 없다는 고백과 성령 충만을 사모하면서 기도해야 한다.

둘째, 죄를 회개하고 자신을 깨끗이 해야 한다. 성령 충만과 죄는 상극이다. 죄는 성령의 능력을 소멸시킨다. 그러므로 죄를 짓는 것보다 지은 죄를 회개하는 것이 더 중요하다.

셋째, 하나님께 자신의 삶을 전적으로 의탁해야 한다. 성령 충만하려면 하나님을 전적으로 신뢰해야 한다.

넷째, 그분의 말씀을 따라 순종하면서 살아야 한다.

• 성령 충만의 결과는 무엇인가?

먼저, 일상생활에서 그리스도의 성품이 드러난다. 성령의 9가지 열매가 드러나는 것이다(갈 5:22-23).

둘째, 담대히 복음을 전하게 된다(행 4:31). 성령을 체험하기 전에 예수님의 제자들은 두려움과 좌절에 빠져 있었다. 그러나 부활하신 예수님을 만나고 성령을 체험한 후 완전히 달라졌다. 두려움 대신에 담대하게 부활하신 예수님을 증거할 수 있었다.

셋째, 필요에 따라 각종 은사가 나타난다(롬 12:6-8, 고전 12:4-11). 성령 충만하면 은사를 받게 되고 그 은사를 따라 섬김으로써 교회에서 덕을 세울 뿐 아니라 하나님께 영광을 돌리게 된다.

• 성령을 소멸하지 않으려면?

첫째는 성령을 근심케하지 말아야 한다(엡 4:30). 왜냐하면 성령을 제한할 수 있기 때문이다. 우리가 하나님의 말씀에 불순종하거나 하나님의 뜻에 어긋나게 생활하면 성령께서 제한을 받으신다. 성령님은 인격이기 때문에 우리를 무시하고 행하지 않으신다. 그러므로 우리가 말씀대로 순종할 때 성령님은 우리의 삶을 다스리며 계획하신 놀라운 일들을 행하신다.

둘째는 죄를 짓지 않으려고 힘써야 한다. 성령 충만은 그분의 능력이 우리 안에 지속적으로 공급되게 하지만 죄는 성령의 능력을 소멸시킨다. 죄와 성령의 능력은 항상 반비례한다. 죄는 우리 안의 능력, 확신, 기쁨, 평안 등 좋은 것들을 다 빼앗아 간다. 그러면 무능한 그리스도인, 패배하는 그리스도인으로 살게 된다.

여덟 번째 만남: 시험을 이기는 삶

성령 충만하다고 해서 시험이 없는 것은 아니다. 우리는 온갖 죄와 유혹에 욱여쌈을 당한 채 신앙생활을 하고 있다. 이 시험에서 승리하려면 먼저 시험의 세 종류를 알아야 한다.

첫 번째 시험은 시련 곧 고난이다(약 1:2-4). 시련은 하나님께로부터 오는 것으로서 거기에는 그분의 선하신 뜻이 담겨 있다. 그 뜻은 우리의 신앙을 성숙하게 하는 것이다.

두 번째 시험은 유혹이다(약 1:13-14). 유혹은 사탄으로부터 오는 것으로서 사람의 욕심을 부추겨 넘어지게 하는 것이 목적이다.

세 번째 시험은 테스트다(창 22:1). 테스트는 우리의 성숙도를 확인하는 것이 목적이다. 예를 들면 이삭을 제물로 바치라는 하나님의 요구는 아브라함의 믿음을 테스트하는 것이었다. 우리의 신앙은 믿음 테스트를 받으면서 성장해 간다.

시험의 속성을 알아야 한다

그러므로 승리하는 신앙생활을 하려면 시험(시련과 유혹, 테스트)의 속성을 알아야 한다.

첫째, 그리스도인에게는 반드시 시험이 있다. 시험당하지 않는 사람은 아무도 없다. 따라서 시험당하는 것 때문에 시험에 들지 말아야 한다. 믿음은 시험과 부딪히면서 성숙해 가는 법이다. 예수 믿으면 만사형통하고 평안하며 원하는 모든 것을 이룰 수 있다고 생각하는 것은 기복신앙일 따름이다.

둘째, 우리가 당하는 모든 시험은 감당할 수 있다. 왜냐하면 하나님께서 우리가 감당할 수 없는 시험을 당하는 것을 허락하지 않으시기 때문이다(고전 10:13). 시험은 자신의 믿음 수준에 맞게 온다.

셋째, 모든 시험에는 피할 길이 있다. 하나님은 우리가 시험당할 때 피할 길을 열어 주셔서 능히 감당할 수 있게 하신다. 그러므로 시험당할 때 그 상황에 얽매이지 않으려면 피할 길을 찾는 것이 중요하다.

넷째, 시험은 내 능력으로는 감당할 수 없다. 성령의 능력과 지혜가 필요하다. 우리의 의지와 인내는 한계가 있다. 시험은 자신감으로 이길 수 있는 것이 아니라 믿음으로 이기는 것이다.

• 그리스도인이 고난(시련)을 당하는 이유

그리스도인이 고난을 당하는 이유는 몇 가지가 있다.

첫째, 죄에 대한 징계로 고난을 당할 수 있다. 요나가 당했던 고난이 대표적인 사례다. 하나님은 불순종하는 요나를 고난으로 징계하셨다. 이때 당하는 고난은 하나님의 사랑이 담겨 있다. 그러므로 고난당할 때 혹시 고백하지 않고 있는 죄와 불순종은 없는지 자신을 돌아보는 것이 필요하다.

둘째, 신앙 훈련을 목적으로 고난당할 수 있다. 40년 동안 광야 길을 통과해야 했던 이스라엘 백성들이 좋은 예다. 하나님은 그들이 고난 속에서 하나님을 더욱 신뢰하고 순종하도록 믿음 훈련을 하셨다.

셋째, 경건하게 살기 때문에 고난당할 수 있다. 불신 세상에서 말씀을 따라 순종하며 사는 일은 결코 쉽지 않다. 신앙을 지키기 위해서는 포기, 양보, 인내, 거부 등 손해를 감수할 것이 많다.

넷째, 사명을 감당하기 때문에 고난당할 수 있다. 선지자들과 사도들이 좋은 예가 된다. 하나님을 위해서 그리고 그리스도의 몸인 교회를 위해서 봉사할 때는 반드시 여러 가지 모양의 고난이 따르게 된다. 그러므로 교회 일을 하다가 시험에 들지 않도록 주의해야 한다.

다섯째, 믿음 테스트를 받을 때 고난당할 수 있다. 아브라함과 요셉이 좋은 예가 된다. 하나님은 내가 귀하게 여기고 있는 것들을 내려놓으라고 하실 때가 종종 있다. 이때 거룩한 포기를 해야 시험을 통과할 수 있다. 그 과정이 곧 고난이다.

여섯째, 어리석음과 실수와 허물 때문에 고난당할 수 있다. 이럴 때 절망하거나 원망하는 태도는 피해야 한다. 오히려 지혜를 배우는 좋은 기회로 삼아야 한다.

· 고난을 처리하는 방법

생활 속에서 직면하는 고난을 성경적으로 해결하기 위해서는 **먼저 기도해야 한다.** 근심, 걱정, 염려 대신에 기도해야 한다(빌 4:6-7). 고난당했을 때 불안과 불평과 두려움에 빠지면 상황에 눌리기 때문에 고난의 강도가 더 강해진다. 오히려 하나님을 더욱 신뢰하면서 상황을 그분께 토스하는 것이 좋다.

둘째, 감사해야 한다. 고난의 시련속에서 하나님께 감사할 내용들이 무엇인지 세 가지 정도를 찾아보는 것이다. 어려운 상황에서 오히려 감사를 드리게 되면 놀랍게도 믿음이 견고해진다.

셋째, 지혜를 구해야 한다. 모든 시련에는 반드시 피할 길이 있다. 문제를 직시할 수 있는 지혜를 달라고 간구해야 한다.

넷째, 고난이 담고 있는 영적 의미를 찾아야 한다. 하나님은 우리가 생고생하도록 고난을 허락하지 않으신다. 영적 유익을 위한 선하신 뜻을 품고 고난을 허락하신다. 그러므로 영적 의미를 알게 되면 고난의 무게가 훨씬 가벼워질 것이다.

다섯째, 기대하면서 기다려야 한다. 하나님께서 어떤 결과를 주실 것인지, 자신이 고난을 통해서 어떻게 성숙될 것인지를 기대하면서 기다려 보라. 고난을 믿음으로 잘 감당하지 못하면 고생만 하게 되고 결국엔 심령이 강퍅해진다는 것을 기억해야 한다.

영적 전쟁을 인식하라

교재인 《일대일 제자양육 성경공부》는 고난보다는 사탄의 유혹에 중점을 두고 있다. 그리스도인의 삶은 영적 전쟁이다. 우리는 날마다 영적 전쟁을 치르면서 살아가고 있다. 우리가 성령님께 민감하면 놀랍게도 사탄에게도 민감해진다. 악한 영들이 활동하고 있는 모습이 눈에 보이게 된다. 그러나 성령에 대하여 둔감하면 죄에 대해서도 둔감해진다. 그러면 죄를 죄로 인식하지 못하게 된다. 그러므로 사탄의 공격 루트를 아는 것이 중요하다. 사탄은 세 가지 경로를 통해서 우리를 공격한다.

• **사탄은 직접 우리를 공격한다**

타락한 천사인 사탄은 하나님에 대한 의식을 희미하게 하거나 하나님과의 관계를 의심하게 하고 하나님과 그분의 말씀을 믿지 못하게 만든다. 사탄이 가룟 유다에게 예수님을 팔아넘기는 생각을 집어넣은 것이(눅 22:3, 요 13:2) 좋은 예라고 할 수 있다. 사탄은 죄를 범상하게 생각하도록 만든다. 뱀은 선악과를 먹는 것이 별일 아닌 것처럼 생각하도록 하와를 유혹했다. 사탄은 경건한 생활을 하는 것은 어렵다는 생각을 갖게 한다. 그래서 경건의 모양만 갖춘 그리스도인으로 살도록 미혹한다.

사탄은 불안, 걱정, 염려, 두려움을 부추긴다. 그래서 무능력한 그리스도인으로 살게 만든다. 사탄은 바쁨과 게으름에 빠뜨려서 영적 무지 상태가 되게 만든다. 사탄은 세상의 안락함에 취하게 만든다. 유행과 세속적 가치관을 좇게 해서 자기 사람으로 만들어 버린다. 사탄은 정죄와 비판을 쏟아내게 해서 가정과 교회를 무너뜨린다. 예수님을 잘 믿지 못하도록 혹은 영적 성장을 못하도록 다양한 방법으로 방해한다.

그러므로 사탄의 공격을 이겨 내려면 먼저 사탄의 존재를 인정해야 한다. 그리고 예수님처럼 하나님의 말씀으로 사탄을 대적해야 한다(약 4:7). 이때 암송된 성경 말씀은 큰 무기가 된다.

• 사탄은 세상을 통해서 우리를 공격한다

이 세상은 하나님의 뜻을 대적하거나 그분의 뜻과 무관하게 이룩한 사회, 문화, 가치 체계들로 구성되어 있다. 오늘날 세상을 통한 사탄의 유혹이 강력한 힘을 발휘하고 있다는 것을 알아야 한다.

사탄은 육신의 정욕과 안목의 정욕, 이생의 자랑을 공격 무기로 사용한다(요일 2:16). 우리 사회를 돌아보라. 이 세 가지가 가득한 것이 보일 것이다. 한류를 빙자로 우상 문화가 십대의 정신세계를 지배하고 있다. 일류를 추구하는 경쟁심이 공부를 우상화시키고 청년들의 정신세계를 지배하고 있다. 하나님의 형상을 따라서 지음 받은 존재로서 사람을 바라보는 것이 아니라 스펙으로 사람을 평가하는 문화가 팽배하다.

사탄의 공격을 실패로 만들려면 우리와 하나님의 사랑 관계에 문제가 없어야 한다. 그래야만 세상 것에 관심을 빼앗기지 않을 수 있다. 이 세대를 본받지 않으려면(롬 12:2) 삶의 모든 분야에서 경건 생활을 회복해야 한다.

• 사탄은 육신의 욕심을 통해서 우리를 공격한다

사탄은 인간의 본능과 욕구를 공격의 타깃으로 삼는다. 다윗이 육체의 정욕에 이끌려 밧세바를 범한 것이 좋은 예다(삼하 11:1-4). 오늘날은 이 공격이 온 사회에 만연해 있다. 사탄의 이러한 공격은 요셉이 사용했던 방법을 이용하는 것이 효과적이다. 요셉은 유혹에 넘어가는 것이 죄라는 것을 분명히 알았고, 하나님께 죄짓지 않기 위해 그 자리를 피했다. 죄짓게 만드는 사람, 모임, 일, 장소 등은 무조건 피하는 것이 상책이다(딤후 2:22). 그리고 더 많은 은혜로운 자리에 참여해야 한다.

시험을 이기는 방법

매일 매 순간 벌어지는 영적 전쟁에서 승리하려면 평상시에 영적 능력을 길러야 한다. 다음과 같은 몇 가지가 일상이 될 때 강력한 군사로서 살아갈 수 있다.

먼저, 기도가 일상이 되어야 한다. 매일 시험에 들지 않도록 기도해야 한다(마 6:9, 13). 상황이 벌어졌을 때 기도하는 것은 이미 늦다. 평상시 기도가 쌓여야 상황이 벌어졌을 때 담대하게 대처할 수 있다.

둘째, 하나님의 말씀으로 무장하는 것이 일상이 되어야 한다(시 119:9, 11). 그래야 영적 분별력을 가지고 판단할 수 있고 미혹에 넘어가지 않을 수 있다. 하나님의 뜻을 확실히 알면 사탄의 계략은 쉽게 구분할 수 있다.

셋째, 믿음을 강하게 해야 한다(요일 5:4-5). 평상시 살아 계신 하나님이 내 편이라는 믿음, 그분의 약속에 대한 믿음, 그분의 전능하신 능력에 대한 믿음을 가져야 한다. 왜냐하면 시험은 믿음으로만 이길 수 있기 때문이다. 그 믿음이 어떤 상황에서든 버티고 기다릴 수 있게 해준다.

넷째, 하나님께 순종하고 마귀를 대적해야 한다(약 4:7). 사탄은 내가 순종하는 그리스도인인지 불순종하는 그리스도인인지를 다 안다. 그는 일단 믿음이 강한 사람과 순종하는 사람 앞에서는 기가 꺾인다. 그래서 담대하게 대적하고 선포하는 태도가 필요하다. 예수 이름의 능력을 의지하여 대적해 보라. 사탄이 반응할 것이다.

다섯째, 사탄에게 기회를 주지 말아야 한다. 근심과 걱정, 죄, 분노와 정죄에 빠지는 것은 사탄에게 자신을 노출시키는 것이다. 나를 시험하라고 사탄을 불러들이는 것과 같다. 그러므로 시험에 빠졌을 때 치러야 할 대가가 얼마나 큰지를 인식하라. 그리고 시험을 혼자 이기려고 노력하지 말라. 역부족일 때가 많다. 오히려 중보자들에게 시험 거리를 나누고 함께 믿음으로 대처해 가는 것이 좋다.

한편, 요셉처럼 시험은 피하고 도망하는 것이 효과적이다. 오늘날 시험 거리는 날마다 늘어나고 악은 더 악랄해지고 있다. 선의 탈을 쓰고 악을 행하는 자와 의의 탈을 쓰고 불의를 행하는 자가 날로 많아지고 있다. 그러므로 승리할 수 있는 능력과 지혜를 평상시에 갖추는 것이 절대로 필요하다.

아홉 번째 만남: 순종하는 삶

오늘날 교회의 비극은 믿음으로 부름 받은 사람은 많은데 순종으로 부름 받은 사람은 적다는 것이다. 모든 그리스도인은 구원을 얻은 순간부터 '순종학교'에 입학한 것이다. 우리는 하나님의 방법대로 살기 위해서 구원받은 백성이다. 말씀대로 살도록 부름 받았지 자기 마음대로 살도록 부름 받지 않았다. 예수님의 제자가 되려면 순종은 필수 조건이다. 순종은 가장 성숙한 그리스도인의 증거다.

순종의 의미

그렇다면 순종이란 무엇인가?

• 순종이란 말씀대로 행하는 것이다

아브라함은 본토와 친척과 아비의 집을 떠나라는 말씀을 듣고 그대로 행하였다(창 12:1-4). 그는 늦둥이 아들 이삭을 바치라는 말씀을 듣고 그대로 행하였다(창 22:1-3). 여호수아는 요단강을 건너가라는 여호와의 말씀을 듣고 그대로 행하였다(수 4:14-17). 가라면 가고 멈추라면 멈추는 것, 내려놓으라면 내려놓고 섬기라면 섬기는 것이 순종이다.

• 순종이란 하나님의 뜻을 따르기 위해 자신의 뜻을 내려놓는 것이다

베드로는 예수님의 명령이 자신의 경험과 지식에 반하는 것이었지만 말씀대로 순종하였다(눅 5:1-11). 예수님은 자신의 뜻을 내려놓고 아버지의 뜻을 따르셨다(마 26:42). 그러나 요나는 자신의 뜻을 내려놓을 수

왜 일대일 제자양육인가

없어서 니느웨로 가지 않고 다시스로 내려갔다(욘 1:1-3). 요나의 불순종은 자신이 이해하는 것만 순종하려는 데서 비롯되었다. 순종이란 자신이 원하는 것을 행하는 것이 아니라 하나님이 원하시는 것을 행하는 것이다. 자신의 방법, 경험, 소원을 내려놓지 못하면 결코 순종할 수 없다.

• 순종이란 믿음의 외적인 표현이다

믿음은 우리를 순종으로 이끈다. 즉 믿음은 순종으로 증명된다. 믿기 때문에 순종하고 순종하기 때문에 믿음이 있는 것이다. 아브라함이 고향을 떠나는 순종을 할 수 있었던 것은 하나님을 믿었기 때문이다. 그가 이삭을 제물로 바칠 수 있었던 것은 하나님의 약속을 믿었기 때문이다. 그러므로 불순종한다는 것은 하나님을 전적으로 믿지 못하고 있다는 증거다. 우리가 중요한 상황에서 말씀대로 순종하는 것은 하나님을 신뢰하고 있다는 믿음의 표현이다. 순종은 예수님께 무조건으로 내 삶을 의탁하고 그분의 뜻을 받아들이며 그분의 뜻을 따르는 것이다.

순종하려면 **먼저, 예수님의 권위를 인정해야 한다**(마 28:18). 예수님은 나의 주 나의 하나님이요 하늘과 땅의 모든 권세를 가지신 분임을 인정해야 한다. **둘째, 자신을 산 제사로 드리겠다는 헌신의 태도가 있어야 한다**(롬 12:1). 하나님의 말씀에 순종하겠다는 자세를 가져야 한다. **셋째, 나를 부인하는 신앙 고백이 있어야 한다**(눅 9:23). 나를 부인할 뿐만 아니라 나의 십자가를 지고 따르겠다는 믿음이 있어야 한다.

순종의 영역

그리스도인이 예수님을 따르기 위해서 순종해야 할 네 가지 영역은 다음과 같다.

• 물질의 요구에 순종할 수 있어야 한다

부자 청년의 실패는 재산을 팔아 가난한 사람들에게 주라는 예수님의 요구에 순종하지 못했기 때문이다(막 10:17-22). 즉 물질에 대한 순종을 하지 못한 것이다. 순종이 신앙 성숙의 척도라면 물질은 순종의 척도가 된다. 주님이 쓰시겠다고 할 때 기꺼이 자신의 형편에서 최선을 다하여 드릴 수 있는 순종이 있어야 한다.

사실 물질을 순종하는 것이 가장 어렵다. 그래서 종교개혁자 마틴 루터는 주머니가 회개해야 진정으로 회개한 것이라고 하였다. 예수님은 자기 소유를 포기하지 못하면 제자가 될 수 없다고 말씀하셨다(눅 14:33). 예수님께 최고 가치를 두고 사는 사람은 주를 위해서라면 기꺼이 물질을 내려놓을 수 있다. 하나님은 우리가 드리는 소유를 가지고 많은 일을 하신다.

• 고난당하는 것을 순종할 수 있어야 한다

많은 그리스도인이 고난 없는 인생을 살기 원한다. 그러나 그리스도인의 삶의 여정에는 반드시 고난이 있다. 하나님은 우리 인생을 때로 형통하게도 하시고 때로 곤고하게도 하신다(전 7:14). 이것이 우리 인생에 대한 하나님의 섭리다. 그러므로 어떤 고난을 당하든지 그것 때문에 하나님을 원망하거나 시험에 빠져서는 안 된다. 도리어 마땅히 당할 고난으로 여기고 순종해야 한다. 비록 사랑하는 가족의 죽음일지라도 순종해야 한다. 고난까지도 순종하는 것이 성숙한 신앙이다.

왜 일대일 제자양육인가

야고보는 고난당한 사람이 있으면 기도하라고 권면했다(약 5:13). 하나님은 고난 중에 기도하는 자에게 고난을 감당할 믿음을 주실 것이다. 만약 그것이 내가 직면해야만 하는 고난이라면 기도 제목을 바꾸어 주시기도 한다. 하나님께서 우리에게 은혜를 주시는 것은 그분을 믿을 뿐 아니라 주를 위해서 고난도 받게 하려는 것임을 기억하라(빌 1:29). 주님과 함께 영광을 얻었으면 주님과 함께 고난도 받아야 하는 것이 그리스도인의 삶이다(롬 8:17-18). 하나님은 고난을 통해서 순종을 훈련하신다.

• 시간의 요구도 순종할 수 있어야 한다

주님을 위해서 나의 시간을 드리는 것은 물질과 고난을 순종하는 것만큼 어렵다. 물질의 십일조를 반드시 드리는 그리스도인이라도 시간의 십일조는 엄두조차 내지 못하는 사람이 많다. 그러나 시간을 드린 만큼 신앙생활은 성장한다. 삶의 우선순위를 예수님께 두고 사는 그리스도인은 주님을 위한 봉사와 영적 성장을 위해서 시간을 내는 것이 결코 어렵지 않다.

• 자신의 뜻을 내려놓으라는 요구에도 순종할 수 있어야 한다.

어쩌면 이것이 가장 어려운 순종일지도 모르겠다. 주님의 뜻에 따라 자신의 뜻을 내려놓는 것, 자기주장을 포기하는 것만큼 어려운 일도 없을 것이다. 그래서 예수님은 자신을 부인하지 못하면 제자가 될 수 없다고 말씀하셨다(마 16:24). 교회와 주님을 위해서 내가 죽으면 교회도 살고 나도 살 수 있다(요 12:24). 그러나 내가 죽지 않으면 나는 물론 교회도 죽고 주님을 또다시 십자가에 못 박게 된다. 갈등과 분열을 겪고 있는 교회들의 공통적인 특징은 주님을 위해서 죽지 못하는 사람이 많다는 것이다. 주님을 위해서 죽는 것은 결코 죽는 것이 아니라는 사실을 기억하라.

성숙한 그리스도인이란 일상생활에서 하나님의 소유권을 분명히 인정하는 사람이다. 삶의 우선순위를 예수님께 두고 사는 사람이다. 하나님의 뜻을 분별할 줄 아는 사람이다. 고백과 삶이 일치하는 사람이다. 하나님의 말씀에 순종하는 사람이다.

순종의 관계

하나님은 질서의 하나님이다. 그래서 하나님은 순종을 통해서 가정과 교회와 사회의 질서가 세워지길 원하신다.

• 하나님과 우리는 순종의 관계다

피조물인 사람이 창조주 하나님께 순종하는 것은 창조의 질서이기도 하고 그분께 영광을 돌리는 일이기도 하다. 베드로와 사도들은 예수를 전하지 말라는 대제사장의 요구에 대하여 사람에게 순종하는 것보다 하나님께 순종하는 것이 마땅하다고 담대하게 말했다(행 5:29). 우리의 순종은 하나님을 하나님이 되게 하는 것이요 우리를 피조물이 되게 하는 것이다.

• 부모와 자녀는 순종의 관계다

가정에서도 질서가 세워져야 한다. 왜냐하면 가정은 이 땅에서 경험할 수 있는 천국이기 때문이다. 자녀들은 부모에게 순종해야 한다(엡 6:1). 부모에게 순종하는 것이 곧 하나님께 순종하는 것이다. 부모는 자녀에게 상처를 주지 말아야 한다. 부모는 자녀를 주의 교훈과 훈계로 양육해야 한다(엡 6:4). 다시 말해 하나님을 경외하고 예배하도록 그리고 하나님의 말씀에 순종하면서 살도록 가르쳐야 한다.

• 남편과 아내는 순종의 관계다

아내는 주님께 순종하듯 남편에게 복종해야 한다(엡 5:22-25). 이 말씀에 마음이 불편한 아내들이 많을 것이다. 그러나 오해하지 않기를 바란다. 남편이 아내의 머리라는 말씀은 하나님께서 남편을 가정의 리더로 세우셨다는 의미다. 그래서 아내에게 복종을 요구하는 것이다. 아내가 남편의 리더십을 세워 주면 남편은 남편다워질 것이고 아내는 행복해질 것이다.

한편, 남편은 아내를 사랑해야 한다. 남편은 그리스도께서 교회를 사랑하시고 교회를 위하여 자신의 몸을 내어 주신 것처럼 아내를 사랑해야 한다. 아내는 남편의 사랑을 받아야 아내다워지고 남편은 행복해질 것이다.

이와 같이 부모와 자녀, 남편과 아내가 하나님의 말씀을 따라 순종할 때 가정은 행복할 수 있다. 하나님이 요구하시는 가정의 질서가 세워지지 않으면 가정은 불행할 수밖에 없다는 사실을 기억하라.

• 장로와 성도는 순종의 관계다

장로란 그 당시 설교하는 목사와 교회를 운영하는 장로를 포함하는 개념이다. 하나님은 교회 안에서 영적 질서가 바르게 세워지길 원하신다. 교회가 바른 질서 안에서 생명력 있게 운영되어야 그 존재의 목적을 따라 행할 수 있기 때문이다. 하나님은 영적 리더로서 목회자와 장로를 세우셨다. 그러므로 성도는 목회자에게 순종해야 한다(벧전 5:5). 히브리서 기자는 교인들에게 리더를 신뢰하고 그에게 순종하라고 권면하였다. 리더들이 기쁨으로 일하고 근심하지 않도록 하라고 당부하였다(히 13:17). 리더에게 불순종하는 것은 아무 유익이 없다. 성도는 목회자와 동역자로서 한 팀이 되어 하나님의 교회를 건강하게 세워 가야 할 책임이 있다.

• 직장상사와 부하직원은 순종의 관계다(골 3:22)

그리스도인은 직장에서도 상사의 리더십을 인정해 주어야 한다. 직장이기 때문에 하나님과 상관없다고 생각하기 쉬운데, 모든 권위는 하나님께로부터 오는 것이다. 그러므로 상사에 대해서도 회사 일도 주께 하듯 해야 한다(골 3:23).

• 국가의 지도자와 백성은 순종의 관계다(롬 13:1)

기본적으로 통치자의 권위는 하나님께서 부여하신 것이다. 하나님의 나라는 그리스도께서 통치하시지만 세상 나라는 하나님이 세우신 리더에 의해서 통치된다. 그러므로 지도자가 부정부패와 불법을 행하지 않는 한 그 권위에 순종해야 한다. 그리고 지도자가 하나님의 뜻에 합당하게 통치할 수 있도록 중보기도해야 한다.

지금까지 살펴본 것처럼 그리스도인은 리더에게 주신 하나님의 권위를 인정하면서 순종해야 한다. 그러나 하나님을 제외한 나머지 관계

왜 일대일 제자양육인가

에서의 순종은 조건적이다. 하나님께 대한 순종이 가장 우선되어야 하는 것이다(행 4:19). 부모에게 순종하기 위해서 교회를 다니지 않거나, 남편에게 순종하기 위해서 믿음 생활을 포기하는 것, 상사에게 순종하기 위해서 죄를 짓거나, 국가 지도자에게 순종하기 위해서 하나님의 뜻을 거스르는 것은 모두 잘못된 순종이다. 항상 주님의 말씀을 순종하는 것이 우선된다는 것을 기억하라.

순종과 불순종의 예

성경에는 순종과 불순종의 예가 되는 인물들이 있다. 아브라함은 순종의 모델이 되는 인물이다. 그는 고향을 떠나 하나님이 지시하신 땅으로 이민을 갔고(창 12:1-4), 아들 이삭을 바쳤다(창 22:1-3, 9-12). 그의 순종으로 하나님이 주신 약속이 실현되었다. 순종의 결과 그는 믿음의 조상이 될 수 있었고 복의 근원이 될 수 있었다. 반드시 기억할 것은 우리의 순종이 하나님의 뜻을 이룬다는 사실이다.

반면에 사울왕은 불순종의 예를 보여 준 인물이다(삼상 15:18-23). 그는 아말렉과의 전쟁에서 아무것도 취하지 말라는 하나님의 명령을 들었음에도 불구하고 불순종하였다. 그 결과 폐위당하는 불행을 맞고 말았고, 회개할 기회를 갖기도 전에 전쟁터에서 죽고 말았다. 그의 실수는 순종 같은 불순종을 했다는 것이다.

예수님의 순종과 아담의 불순종도 좋은 대조가 된다(롬 5:19). 첫 사람 아담은 불순종으로 모든 인간을 죄인이 되게 했지만 그리스도는 순종으로 모든 인간을 구원의 길로 인도하였다.

하나님의 말씀에 순종하는 사람은 영혼이 깨끗해진다(벧전 1:22). 이웃을 거짓 없이 사랑하기 때문이다. 그들은 마음이 청결해서 진실된 사랑을 할 수 있다. 순종하는 사람은 응답받는 기도 생활을 할 수 있다(요일 3:22). 하나님은 당신의 계명을 지키는 사람과 하나님이 기뻐하시는 일을 행하는 자들의 기도를 응답하시기 때문이다. 순종하는 사람은 성령의 도구로 쓰임 받을 수 있다(행 5:32). 하나님은 순종하는 사람들에게 성령의 능력을 주셔서 당신의 일을 행하게 하시기 때문이다. 하나님은 순종하는 사람들을 통해서 계획하신 일들을 행하신다.

순종하는 사람은 하나님과 사랑의 관계 안에 머물게 된다(요 15:10, 14:23, 요일 2:5). 하나님의 말씀에 순종하는 것은 곧 하나님의 사랑 안에 머무는 것이기 때문이다. 순종은 예수님과 친밀한 관계를 갖게 한다(요 15:14). 순종하는 사람은 삶에 복이 넘친다(신 28:1-14). 왜냐하면 성경의 모든 복은 순종의 결과로 주어지기 때문이다. 그러나 불순종은 삶을 화가 되게 한다는 사실을 기억해야 한다(신 28:15-68).

제자는 하나님의 동역자로 부름 받은 사람들이다. 그러므로 예수님의 제자가 된 사람은 그분을 따를 뿐 아니라 그분이 당부하신 일을 해야 한다. 왜냐하면 하나님은 순종하는 사람들을 통해서 당신이 계획하신 일들을 진행하시기 때문이다.

하나님이 가장 중요하게 생각하시는 사역은 영혼이 구원을 얻는 것과 그리스도의 피로 세우신 교회가 잘되는 것이다. 하나님은 이 두 가지를 훈련받은 제자들을 통해서 행하고 계신다. 세상의 모든 사람은 우리와 상관없는 자들이 아니라 우리를 통해서 구원을 얻을 사람들이다. 그리고 온 세상은 하나님이 계획하신 일이 실행되는 사역지다.

사역의 변천사

세상을 구원하시려는 하나님의 계획은 지금까지 어떻게 이어져 왔는지 살펴보자.

먼저, 하나님은 죄인이 된 인간을 구원하시려는 계획을 세우셨다(창 3:15). 그리고 세상을 구원할 통로로 삼기 위하여 이스라엘 백성을 선택하셨다. 하나님이 아브라함을 선택하신 것은 그를 통해서 한 민족을 형성하시고 그들을 통해서 모든 인류를 구원하시려는 계획의 일환이었다(창 12:1-3). 그리고 출애굽은 하나님의 구원 계획이 실행되는 과정을 자세히 보여 주고 있다.

둘째, 예수님은 하나님의 구원 계획을 실행하시기 위하여 인간의 모습으로 이 땅에 오셨다(막 10:45). 그분은 제자들을 양육하시고 병든 자를 고치시며 귀신 들린 자를 구원해 주셨다. 그러나 예수님의 사역의 하이라이트는 십자가와 부활을 통해서 죄인이 구원을 얻을 수 있는 법적 근거를 만들어 놓으신 것이다. 주님은 제자들에게 구원 사역을 일임하시고 다시 오실 것을 약속하고 승천하셨다(행 1:8).

셋째, 성령 하나님은 제자들을 통해서 교회를 세우셨다. 이는 영혼 구원을 위한 방법 중 하나였다. 하나님은 교회가 세상 속에서 구원의 방주가 되길 원하신다. 그리고 성령님은 사도들이 전하는 복음을 듣는 사람들이 예수님을 믿게 하는 사역을 감당하신다(고전 12:3). 하나님께서 중요하게 여기시는 영혼 구원과 교회 설립은 성령님께서 주관하고 계신다.

넷째, 제자들은 예수님이 맡기신 일을 자신들의 사명으로 받아들였다. 그래서 성령을 받은 뒤 어느 곳에서나 어떤 상황에서든지 예수의 증인이 되었다(행 1:8). 그 결과 믿고 구원을 얻는 자의 수가 계속 늘어났다. 하나님의 구원 계획이 실행되어 간 것이다.

다섯째, 이제 그 바통이 예수님의 제자가 된 사람들에게 건너왔다. 하나님, 예수님, 성령님으로 이어져 내려온 구원 계획이 사도들과 그들에 의해서 세워진 교회로 이어졌다. 그리고 오랜 세월이 지난 후 오늘날 교회와 성도들에게 전달되었다. 그러므로 이 복음을 맡은 사람들은 다음 세대에게 그것을 전달할 책임이 있다. 그래서 사역이 필요한 것이다.

프랜시스 아일래스(Francis Iless)는 "만일 세례를 받았다면 목사 안수를 받든 안 받든 우리는 이미 사역자"라고 말하였다. 오늘날 우리가 예수님의 제자로 훈련을 받는 이유는 하나님의 구원을 다음 세대 또 그다음 세대들에게 전달해 주기 위해서라는 사실을 기억할 필요가 있다.

우리가 하나님의 일을 할 때 중요한 것은 맡은 일을 하나님의 뜻대로 하는 것이다. 하나님의 일은 하나님의 방법대로 해야 한다. 그러므로 예수님의 제자로서 그분의 일을 감당하려면 다음의 다섯 가지 요소를 이해해야만 한다.

• 성경적인 교회관

교회를 위해서 일하다가 시험에 드는 사람이 많다. 교회를 위해서 일해 주는 사람은 사역의 주체가 자기 자신이다. 그래서 자기주장과 고집으로 봉사하게 되고 대가나 보상을 요구하게 된다. 그 결과 시험에 들기 쉽다. 교회 일을 열심히 하다가 실족하거나 아예 교회를 떠나 버리는 사례가 많다. 교회를 잘못 이해하고 있기 때문에 일어나는 일이다.

우리는 교회를 위해서 일하는 것이 아니라 하나의 교회로서 일하는 것이다. 식당의 주인은 자기 일을 하는 것이므로 피로도가 그다지 높지 않다. 반면에 종업원은 주인을 위해서 일하는 것이기 때문에 피로도가 높고 불평도 많다. 내가 곧 교회라는 인식을 가진 사람은 교회를 위한 봉사를 당연한 것으로 여긴다. 그러니 일하다가 시험에 들 일이 없다.

마터(F. C. Mather)는 "그리스도인에게 가장 도전적인 일은 내가 교회를 위해서 무엇을 하는 것이 아니라 내가 교회 자체가 되는 것이다"라고 말했다. 내가 곧 교회인 것이다(엡 2:20-22). 사도 바울은 우리의 몸이 곧 성전이라고 정의하였다(고전 3:16, 6:19).

교회를 잘 섬기려면 하나님이 원하시는 교회가 되기 위해서 반드시 필요한 것이 무엇인지를 알아야 하다. 우리는 예수님의 사역에서 그 요소를 발견할 수 있다. 예수님은 회당에서 가르치시고 복음을 전파하셨으며 모든 질병과 아픈 곳을 고쳐 주셨다(마 4:23). 예수님의 사역을 요약하면 양육과 복음 전파와 사회봉사가 될 것이다. 물론 예배와 성도의 교제는 필수 요소이기 때문에 따로 언급할 필요가 없다.

앞에서 배운 것처럼 구원받은 사람이 가장 먼저 해야 하는 것은 예배와 교제다. 이것 외에 교회는 다음 세 가지 사역이 균형을 이뤄야 한다.

첫째, 교회는 양육 사역을 반드시 해야 한다. 말씀과 관련된 각종 성경공부, 묵상하는 법, 제자훈련 등 성도들이 영적으로 성장할 수 있는 프로그램이 있어야 한다. 성도들을 영적으로 어린아이 상태에 머물러 있게 하는 것은 목회자의 직무유기라고 할 수 있다. 모든 성도는 배우든지 가르치든지 해야 한다. 부족하면 배우고 배웠으면 가르치면서 교회 생활을 해야 한다.

둘째, 교회는 전도와 선교에 앞장서야 한다. 성도의 삶은 이 두 가지와 항상 관련이 있어야 한다. 떠나든지 아니면 보내든지 해야 하는 것이다. 기도와 물질로 후원하든지 아니면 복음을 들고 나가든지 해야 한다. 모든 성도는 어느 곳에서나 전도자요 선교사라는 신분을 잊어서는 안 된다.

셋째, 교회는 사회봉사에 앞장서야 한다. 이것은 다른 말로 사회선교라고 부른다. 사회선교는 기존의 구제 긍휼의 차원을 넘어서 국내에서 발생하는 다양한 문제들에 대하여 대안을 제시하거나 직접 참여하는 사역이다. 이 사역은 예수님이 사회적 약자들을 찾아가 섬기던 것과 같다.

이와 같이 교회는 예배, 양육, 전도와 선교, 사회선교가 균형을 이룰 때 건강하게 성장할 수 있다.

• 성경적인 평신도관

일반적으로 평신도는 목회자의 사역 대상으로 이해해 왔다. 그러나 그것은 오해다. 올바른 교회관을 가진 사람은 이것이 무슨 의미인지 쉽게 이해할 것이다. 성도가 하나의 교회로서 교회를 섬기는 것이 성경적 교회관이라고 한다면, 평신도는 목회자의 사역의 대상이 아니라 동역자다. 평신도가 교회 사역의 주체인 것이다. 교회 봉사는 목회자가 당부하기 때문에 해주는 것이 아니라 목회자와 동역자로서 하는 것임을 기억해야 한다.

성경은 모든 그리스도인이 사역자라고 말한다. 이 말은 사역은 교회 안에서만이 아니라 교회 밖 성도들의 삶의 자리에서도 진행되어야 한다는 것을 의미한다. 그리고 사역의 핵심 내용은 하나님이 중요하게 여기시는 영혼 구원이다. 그러므로 평신도는 사람을 낚는 어부가 되어야 하고(마 4:19), 맛을 내는 소금이요 세상을 비추는 등불이 되어야 하며(마 5:13-14), 추구할 일꾼이 되어야 한다(마 9:38).

특히 세상 속에서 이와 같은 역할을 감당하기 위해서는 그리스도인 자신이 어떤 존재인지를 성경적으로 인식해야만 한다.

베드로 사도의 설명에 의하면(벧전 2:4-5, 9-10), 그리스도인은 성령이 거하시는 신령한 집이다. 그래서 거룩하게 살아야 한다. 그리스도인은 하나님께 택함 받은 백성이다. 그래서 그분의 은혜 안에 머물러야 하고 택함 받은 백성답게 살아야 한다. 그리스도인은 중보자로 부름 받은 왕 같은 거룩한 제사장이다. 그래서 중보자로서의 사명을 다하면서 살아야 한다. 그리스도인은 거룩한 나라다. 그래서 세상 속에서 살지만 구별되게 살아야 한다. 그리스도인은 하나님의 소유가 된 백성이다. 그래서 일상생활 속에서 하나님의 주권과 소유권이 인정되어야 한다.

그리스도인은 이와 같은 자신의 정체성을 가지고 세상 속에서 선한 영향력을 끼치면서 살아야 한다. 바울이 언급한 것처럼 하나님 나라의 시민권자답게 살아야 한다(빌 3:20). 그리스도인의 삶은 곧 사역이 되어야 한다.

• 성경적인 은사관

하나님은 우리에게 사역만 맡기지 않고 그 사역을 감당할 수 있는 은사도 주셨다. 은사란 하나님이 주신 달란트다. 내가 가장 잘할 수 있는 장점이 하나님을 위해 쓰임 받으면 은사가 된다. 은사에 맞는 사역을 하면 재미가 있고 쉽기도 하고 열매도 맺는다. 그러나 그렇지 않은 경우 사역이 재미도 없고 어렵기만 하고 열매도 없다. 그러므로 자신의 은사가 무엇인지 알아야만 교회를 잘 섬길 수 있다.

신약성경에는 은사에 대하여 세 번 언급되어 있다(롬 12:6-8, 고전 12:8-11, 엡 4:11). 에베소서에는 은사의 종류를 사도, 선지자, 복음 전하는 자, 목사, 교사 등 다섯 가지로 분류하고 있다. 고린도전서에서는 지혜의 말씀, 지식의 말씀, 믿음, 병 고침, 능력 행함, 예언, 영 분별, 방언, 통역 등 아홉 개의 은사를 언급하고 있다. 로마서에선 예언, 섬김, 가르침, 권위, 구제, 다스림, 긍휼 등 일곱 개의 은사를 설명하고 있다. 에베소서, 고린도전서, 로마서에서 언급된 은사는 서로 비슷한 의미를 갖고 있는 것이 여러 개 있다. 여기서는 로마서에서 언급된 일곱 개의 은사의 의미를 살펴보려 한다.

예언이란 말씀 사역으로서 성경 말씀에 근거하여 경고, 권면, 교훈을 하는 사역이다. 예언이란 점치는 사람들처럼 앞으로 될 일을 알려 주는 것이 아니다. 예언은 하나님께서 과거에 하신 것처럼 앞으로도 하실 일을 성경에 근거하여 알려 주는 것이다. 이 예언의 은사는 말과 성품이 일치하는지를 보면 그 진위를 분별할 수 있다. 말씀은 잘하는데 삶이 엉망이면 예언의 은사가 아니다.

섬김은 교회 안의 궂은 일도 기쁨으로 감당하는 은사다. 집사라는 직책은 섬김을 위해서 세워진 직분으로서 이에 해당할 수 있다. 섬김의 은사를 가진 사람은 그 입에서 감사 표시를 잘하는지를 보면 알 수 있다. 열심히 봉사하면서도 감사 표시를 잘하는 사람은 섬김의 은사를 가지고 있는 것이다.

가르침은 교회 안에서 말씀으로 양육하는 은사다. 주일학교 교사나 소그룹 리더들이 이에 해당한다. 가르침의 은사를 가진 사람은 매사가 정확하다. 그리고 언행일치를 보일 뿐 아니라 책임을 다한다.

권위는 권면하고 위로하며 격려하고 돌보는 은사다. 상담이나 심방을 좋아하는 사람들이 권위의 은사를 가지는 경우가 많다. 권위의 은사를 가진 사람은 말로만이 아니라 실제 행동과 섬김으로 돌보는 일을 즐거워하는지를 보면 알 수 있다.

구제는 물질적으로 섬기는 은사를 말한다. 하나님이 주신 은혜를 보답하는 마음으로 섬기는 사람은 남에게 베푸는 일을 아까워하지 않는다. 자신의 이름을 내기 위해서 섬기지도 않는다. 이름을 내지 않고 조용히 섬기기를 좋아한다. 자신의 명예를 위하여 물질을 섬기는 자는 은사가 아니다.

다스림은 공동체 안에서 리더십을 발휘하는 은사다. 목사, 장로와 같은 교회의 리더가 여기에 해당한다. 다스림의 은사를 가진 사람은 자신이 먼저 권위에 복종하는지를 보면 알 수 있다. 이 은사는 공동체를 연합하는 데 긍정적인 역할을 한다. 자신의 책임을 다하는 것은 기본이고 그의 리더십이 선한 영향력을 발휘하기 때문이다.

긍휼은 어려운 자들을 섬기고 돌보는 은사를 말한다. 긍휼의 은사는 내가 타인의 필요에 민감하게 반응하는지를 보면 알 수 있다. 이 은사를 가진 사람은 성령의 강권하심을 따라 행하기 때문에 어떤 대가를 기대하지 않고 무조건적으로 섬기기를 즐거워한다.

은사는 자신을 드러내거나 영광을 얻으라고 주신 것이 아니다. 교회에서 덕을 세우고 하나님의 영광을 위해 사용하도록 주신 것이다. 그러므로 은사는 발견되고 개발되고 사용되어야 한다. 필요에 따라서 은사 검사지를 이용해서 자신의 은사를 점검해 보는 것도 좋은 방법이다.

·성경적인 훈련관

사역을 감당하려면 은사가 필요하다. 그런데 그 은사를 효과적으로 사용하기 위해서는 훈련이 필요하다. 성숙한 그리스도인과 사역자는 훈련을 통해서 만들어진다. 그렇게 해야만 자신의 방법이 아닌 하나님의 방법대로 일할 수 있다. 자신의 뜻을 이루는 사역이 아니라 하나님의 뜻을 이루는 사역을 할 수 있다. 그래서 성도는 계속해서 훈련을 받아야 한다.

교회가 훈련도 시키지 않은 채 직분을 맡기는 것은 매우 위험한 일이다. 한국교회가 가지고 있는 성숙의 한계는 성도들을 예수님의 제자로 훈련시키지 못한 데 있다. 평신도를 훈련시키지 않는 목회자와 훈련받

왜 일대일 제자양육인가

기를 거부하는 평신도 모두 교회의 역할을 제한하는 요인이 된다. 성도가 훈련되지 않으면 교회 공동체가 인간 중심의 모임이 되기 쉽다. 많은 교회가 겪은 갈등과 다툼은 바로 훈련이 없는 결과라고 해도 과언이 아닐 것이다.

예수님의 사역의 핵심은 제자들을 훈련하는 것이었다(막 3:13-15). 주님은 대중을 상대로 설교하는 말씀 사역과 병자와 귀신 들린 자를 고치는 치유사역도 하셨다. 그러나 제자훈련에 가장 중점을 두셨다. 왜냐하면 훈련되지 못하면 예수님이 의도하신 사역을 감당할 수 없기 때문이다.

예수님은 제자들을 택하여 부르시고 함께 지내셨으며 그들을 보내서 전도하게 하셨다. 다시 말하면 그들을 훈련시킨 뒤에 사역 현장으로 보내셨다. 그러므로 교회는 성도들이 사역에 참여하기 전에 먼저 훌륭한 사역자가 될 수 있도록 다양한 내용으로 훈련해야 한다.

먼저, 영성의 기초가 되는 예배 훈련, 묵상 훈련, 기도 훈련을 해야 한다. 그리고 건강한 그리스도인으로 살아갈 수 있도록 내적 치유, 가정 훈련, 영성 훈련을 해야 한다. 또한 행복하게 봉사할 수 있도록 직분자 훈련, 전도 훈련, 선교 훈련, 사회선교 훈련을 해야 한다.

• 성경적인 세계관

훈련 다음으로 중요한 것이 사역 현장을 올바로 이해하는 것이다. 지금까지 우리는 사역 현장을 교회 안으로 제한하여 생각하였다. 그러나 우리의 사역 현장은 교회만이 아니라 온 세상이다. 예수님은 제자들을 교회로 보낸다고 말씀하시지 않고 세상으로 보낸다고 말씀하셨다(요

17:18, 20:21). 예루살렘 교회의 성도들은 교회 안에서만 머무르지 않고 두루 다니면서 복음을 전했다(행 8:4). 사도 바울은 장소를 가리지 않고 복음을 전했다. 그는 회당에서는 물론이요 시장에서도 복음을 증거하였다(행 17:17). 바울은 심지어 재판을 받는 중에도 복음을 전했고(행 26:28), 감옥 생활을 하면서도 복음을 전했다(행 16:31).

우리가 살아가는 가정과 직장, 모임 등 모든 곳이 사역지다. 예수님 말씀대로 땅끝까지가 우리의 사역 현장이다(행 1:8). 세상이 지구촌으로 변한 오늘의 현실에서 전 세계를 교구로 삼는 사역자가 필요하다.

ONE-TO-ONE

DISCIPLING

3부

일대일 제자양육의 실제

9장

동반자
양육 과정

일대일 제자양육은 배우고 변화되고 가르치고 성장하는 훈련 과정이다. 일대일의 목적은 수료하는 데 있지 않고 변화되는 데 있다. 따라서 일대일은 성숙을 지향하는 제자훈련 과정이다. 양육자가 동반자를 양육하는 '동반자 과정'을 훌륭하게 진행하려면 다음의 몇 가지 주의 사항을 지켜야 한다.

일대일 양육에서 주의할 일

• 양육자와 동반자 연결을 잘해야 한다

연결은 양육의 성패를 좌우할 수 있을 만큼 중요하다. 양육은 일대일로 그리고 동성끼리만 해야 한다. 그리고 너무 친한 사람끼리 연결하는 것도 피하는 것이 좋다. 특히 담당 사역자는 양육자와 동반자의 성향을 잘 파악하여 연결해야 한다.

• 시간 배정을 지혜롭게 해야 한다

예를 들면 삶과 큐티 나눔과 성구 암송 확인 및 키 그림 그리기 등을 하는 도입부는 20분, 교재 내용을 공부하는 양육은 60분 그리고 요약과 결단의 기도를 드리는 마무리는 10분으로 배정한다.

• 양육 시간과 장소는 가급적 동반자 중심으로 결정한다

동반자 우선이 일대일 양육의 기본 정신인 것을 기억하라. 그리고 양육자는 약속 장소에 먼저 도착하여 동반자를 기다려 주고 환영해 준다.

• 동반자와의 모든 대화 내용은 비밀을 유지한다

솔직하게 자신의 삶을 나누되 내용은 비밀로 하여 서로 신뢰를 쌓아야 한다.

• 양육을 마칠 때까지 서로 중보기도를 한다

양육자와 동반자는 성령님이 인도하시는 양육이 되도록 기도해야 한다. 양육을 마칠 때까지 중보기도자를 세우면 좋다.

• 교재를 중심으로 양육을 한다

대화하듯 공부하되 동반자의 이야기를 많이 들어주는 것이 좋다.

· 한 번에 한 과씩 공부한다

어떤 이유로든 한 번에 두 과씩 공부하는 것은 피해야 한다.

· 동반자의 영적 수준에 맞추어서 지혜롭게 양육한다

개인적인 능력을 고려하여 진행하되 특별히 초신자에겐 세심한 배려가 필요하다.

· 과제 점검을 바르게 해야 한다

큐티, 성경 암송, 교재 예습, 주일 설교 기록, 키 그림 그리기 등의 과제를 성실하게 점검할 필요가 있다.

· 철저하게 성령님을 의지하면서 진행한다

영적 변화와 성장을 가능케 하는 분은 성령님뿐이라는 것을 기억하라. 일대일은 훈련이기 때문에 규칙을 준수해야 열매를 얻을 수 있다.

첫 만남의 팁

첫 번째 만남은 일종의 오리엔테이션이라 할 수 있다. 다음 두 가지 '안녕하세요'와 '키 그림 설명'으로 대부분의 시간을 보내게 된다. 그런 다음 동반자가 앞으로 해야 할 과제를 설명해 주고 그 과제를 잘할 수 있도록 격려해 준다. 예수님에 관한 네 번의 만남에는 과제가 없다. 각 문제에 제시되어 있는 성경 말씀만 찾아서 교재 오른쪽 빈 칸에 기록해 오면 된다. 기타 과제는 구원의 확신부터 주어진다.

안녕하세요

16주 과정 중 첫 만남에선 질문지 '안녕하세요'를 가지고 함께 나누게 된다. 양육자와 동반자가 서로를 알아가는 데 도움이 되는 5가지 질문에 대해 답하는 것이다.

먼저 이름과 생년월일, 전화와 이메일 주소, 가족 관계 사항을 기록하고 나눈다. 그러고 나서 첫째, 당신의 삶에서 가장 따뜻하고 행복했던 시절은 언제였는가? 둘째, 당신의 삶에서 가장 춥고 어려웠던 시절은 언제였는가? 셋째, 예수님을 이미 영접했다면 언제 어떻게 했는가? 예수님을 아직 영접하지 못했다면 예수님에 대하여 어떤 생각을 갖고 있는가? 넷째, 삶의 비전을 가지고 있다면 무엇인가? 다섯째, 기도 제목이 있다면 무엇인가? 이 질문들을 따라 대화를 나눈다. 이때 간단한 기록을 한 뒤서로 교환하여 양육이 끝날 때까지 중보기도를 한다.

이와 같은 대화는 서로에 대한 이해를 돕고 양육을 하는 데 큰 도움이 될 것이다.

또 동반자가 양육자를 처음 만났을 때 받는 느낌이 중요하다. 그러므로 양육자는 예의를 갖추어서 동반자를 맞이할 뿐 아니라 편안한 마음으로 양육에 임할 수 있도록 분위기를 만들어야 한다. 특히 동반자가 환영받는다는 느낌을 갖게 해주어야 한다.

키 그림 설명 예시

양육자는 동반사에게 키 그림을 그려서 일대일 양육 전체 내용을 소개해 준다. 키 그림은 매번 만날 때마다 반복해서 그려 줌으로써 동반자가 숙지할 수 있게 해줄 필요가 있다. 키 그림 설명은 정답이 있는 것이 아니다. 자기 나름대로 각 과의 핵심을 간략하게 설명하면 된다. 예를 들면 다음과 같다.

"예수님을 믿기 전에 우리는 자기중심적이며 예수님과 전혀 상관없는 삶을 살았다. 그러나 구원을 얻은 후부터 우리 삶의 중심은 **예수 그리스도**로 바뀌게 되었다. 앞으로 네 번의 만남을 통해서 우리 삶의 중심이 되시는 예수님은 어떤 분이며, 그분은 어떤 일을 하셨는지, 또 지금은 무엇을 하고 계신지를 배우게 된다. 그리고 예수님을 믿으려면 어떻게 해야 하는지에 대해서도 공부하게 된다. **구원의 확신**에 대해서도 공부한다. 구원의 확신은 느낌이나 감정에 의해서가 아니라 예수를 믿으면 구원을 얻는다는 말씀 곧 사실에 근거하여 갖는 것이다. 이에 따라 구원받은 증거가 무엇인지를 공부하게 될 것이다.

그런 다음 **하나님의 속성**에 대하여 공부한다. 하나님은 두 가지 성품 즉 하나님만 가지고 계신 성품과 하나님과 사람 모두에게 있는 성품을 가지고 계신 분이다. 그리고 삼위일체 하나님에 대하여 공부할 것이다. 다음은 하나님의 말씀인 **성경**에 대하여 우리는 어떤 태도를 가져야 하는지 배우게 될 것이다.

그런 다음 **기도**에 대하여 공부한다. 기도란 무엇이며, 누구에게 하는 것이고, 기도는 왜 해야 하며, 어떻게 하는 것인가에 대하여 배우게 될 것이다. 그러고 나서 **교제**에 대해 공부하게 된다. 교제는 예배를 통한 교제와 성도 간의 교제가 있다. 예배란 무엇이며 어떻게 드려야 하는가, 교회 안에서 성도 간에 어떻게 교제하는지를 배우게 될 것이다. 다음엔 **전**

도에 대하여 공부한다. 전도는 모든 그리스도인에게 주신 예수님의 사명인데 이 사명을 감당하기 위해서 먼저 우리가 살고 있는 세상과 세상 일을 어떻게 이해해야 하는지 그리고 전도의 구체적인 방법은 무엇인지 배울 것이다.

다음 **성령 충만**을 공부한다. 성령 충만이란 무엇이며, 성령 충만은 왜 받아야 하는지, 성령 충만은 어떻게 받는 것이며 그리고 성령 충만의 결과는 무엇인지에 대하여 배울 것이다. 다음 **시험**에 관하여 공부한다. 시험에는 시련, 유혹, 테스트 등 세 가지가 있으며 사탄은 우리를 어떻게 공격하고 있는지 배우게 될 것이다. 다음 **순종**에 관하여 공부한다. 순종이란 무엇이며, 순종에 대하여 어떤 태도를 가져야 하며, 순종의 영역과 대상은 누구이며 그리고 순종의 결과는 무엇인지에 대하여 배울 것이다. 마지막으로 **사역**에 대하여 공부한다. 예수님이 맡기신 사역을 감당하기 위해서 성경적 교회관, 성경적 평신도관, 성경적 은사관, 성경적 훈련관, 성경적 세계관에 대하여 배울 것이다."

마지막으로 서로 손을 잡고 중보기도한 뒤 다음 만남을 기대하면서 마무리한다. 한 가지 좋은 예를 소개하면 양육자들 중에 많은 수가 교재를 자신이 구입해서 동반자에게 제공해 주고 있다. 모든 양육자가 이렇게 해야 한다는 법은 없지만 참고할 필요는 있다.

본격적인 양육은 이렇게

두 번째 만남부터는 본격적으로 교재를 가지고 양육을 하게 된다. 각 만남 시간은 크게 세 파트로 나누어서 진행한다. 그리고 각 만남의 전체 시간은 90분이 적합하며 2시간을 넘지 않도록 한다.

1) 도입(20분)

양육자는 동반자보다 먼저 약속 장소에 도착해서 동반자를 환영할 준비를 하고 기다린다. 따뜻한 미소와 악수로 동반자를 영접해 준다. 잠시 한 주간 동안 어떻게 살았는지와 큐티한 내용을 나눈다. 그리고 나서 양육자 혹은 동반자가 시작 기도를 드린다. 그리고 성구 암송(구원의 확신부터 주어짐) 및 숙제를 점검하고 소감을 나눈다. 전 과정에서 가급적이면 동반자가 말을 더 많이 하도록 기회를 주고 양육자는 말을 아끼는 것이 좋다.

2) 양육(60분)

양육은 교재를 중심으로 가르침과 나눔 형식으로 진행한다. 이때 동반자가 교재의 글이나 찾아온 성경 구절을 읽도록 기회를 주는 것이 좋다. 그리고 각 과의 문제를 풀어 가는 과정에서 중요한 내용과 반드시 나누어야 할 부분은 짚고 넘어간다(양육자가 사전에 준비해야 함). 나눔을 할 때 특히 양육자가 먼저 솔직하게 자신의 경험을 간증처럼 나누어야 한다. 그럴 때 동반자도 마음을 열고 참여하게 된다. 진솔한 나눔이 없는 경우, 일대일 양육은 성경공부로만 끝나며 변화의 열매를 기대하기 어렵다.

3) 마무리(10분)

먼저 동반자에게 오늘 배운 핵심 내용을 설명하게 한다. 만약 정확하게 설명하지 못하면 양육자가 도와준다. 그리고 배운 핵심 내용을 가지고 결단의 기도를 드리고 마무리한다. 끝으로 다음 만남을 위한 과제를 확인해 주고 환송하며 헤어진다. 다음 한 주간 동안 서로를 위하여 중보기도를 하고 때로 서로 안부도 물으면서 다음 만남을 기다린다. 양육은 동반자 입장에서 일종의 맞춤 형식을 취해야 한다. 그렇게 하는 것이 해산의 수고임을 기억하라.

일대일 제자양육 과정에는 양육팀에 제출해야 할 행정 양식이 있다. 양육자는 양육을 시작할 때는 '양육 시작 보고서'를, 마쳤을 때는 '양육 결과 보고서'를 작성해야 한다. 그리고 매주 동반자가 작성하는 '일대일 과제 점검표'에 확인 서명을 해주어야 한다. 한편, 동반자는 양육을 마친 후에 소감문을 써서 제출한다. 모든 양육이 끝나면 양육자는 위의 네 가지 서식을 양육팀에 제출해야 한다. 그리고 제출된 서류는 양육팀이 보관한다.

일대일 양육에서 발생할 수 있는 다양한 상황들

양육자는 동반자가 어떤 상황을 만들어도 당황하지 말고 침착하게 그리고 지혜롭게 대처해야 한다. 또한 양육자는 어떤 일이 있어도 동반자 때문에 시험에 들지 않겠다는 각오가 있어야 한다. 일대일 양육 과정에서 발생하는 상황들과 그 해법을 소개하면 다음과 같다.

- 동반자가 약속 시간을 지키지 않는 경우

한두 번이야 사정상 시간을 못 지킬 수도 있다. 하지만 그것이 상습적이라면 양육자는 동반자에게 아침부터 계속 문자를 발송해서 약속 시간을 확인시켜 줄 필요가 있다. 약속 시간이 임박해서 약속을 취소하는 경우도 드물게 있다. 이럴 때도 양육자는 시험에 들지 말고 다음 모임을 재차 확인해 준다.

- 성구 암송을 해오지 않는 경우

양육자가 동반자와 함께 암송을 해보기도 하고 만약 암송이 안 된다고 하면 성구를 몇 번씩 써오도록 권면한다. 혹은 집안 곳곳에 암송 카드를 붙여 놓는 등 나름의 암송 비법을 알려 준다.

- 과제 혹은 예습을 해오지 않는 경우

양육자가 가장 어려운 상황이다. 한두 번은 다시 기회를 줄 수 있지만 너무 잦다면 차라리 진도를 나가지 않고 과제를 실행해 본다. 이렇게 되면 양육 기간이 늘어날 것이다. 어떤 양육자는 이러한 상황을 만들지 않기 위해 동반자와 리듬을 맞추어서 매번 새 교재를 가지고 함께 예습을 하면서 양육하기도 한다.

- 양육에 집중하지 않고 계속 무성의한 태도를 취하는 경우

동반자 중에는 예수님의 제자가 되기 위해서 양육을 받기보다는 할

수 없이 하는 경우도 있다. 상습적으로 약속 시간 안 지키기, 예습 안 해 오기, 과제 안 하기, 양육 중 전화 통화를 하거나 문자나 인터넷을 보는 태도를 취한다면 일대일 양육팀에 보고하여 양육 지속 여부를 결정하는 것이 좋다.

• 주제를 벗어나는 이야기를 자꾸 하는 경우

양육자의 지혜가 요구된다. 동반자에게 일대일 양육의 목적을 상기시켜 주면서 주제 안에서 나누도록 권면하거나 양육 후에 그 주제에 관해서 나눌 것을 제안한다. 드문 경우이지만 동반자가 이단에서 파송받아 오는 경우가 있는데 이들은 엉뚱한 대답이나 주제 외의 내용을 자꾸 언급해서 양육에 혼선을 빚도록 만든다. 만약 의심스러운 상황이 생기면 일대일 양육팀에 보고하여 처리하는 것이 좋다.

• 목회자나 교회를 비난하는 내용을 자주 언급하는 경우

일대일 제자양육을 가장 위험하게 만드는 상황이다. 실제로 이런 상황 때문에 일대일 양육을 포기하는 교회가 있었다. 만약 양육자가 이런 행위를 할 경우 동반자가 양육팀에 보고하고, 동반자가 그럴 경우 양육자는 권면을 통해 저지시켜야 한다. 이것은 일대일의 목적에 어긋나는 것임을 분명하게 알려 주어야 한다.

• 양육자가 대답하기 어려운 질문을 하는 경우

양육자는 당황하지 말고 솔직하게 모른다고 인정해야 한다. 그리고 모르는 내용은 다음 만남에서 알려 줄 것을 약속한다. 특히 주의해야 할

것은 논쟁이 될 만한 내용을 언급하는 것은 피해야 한다.

• 동반자가 양육자보다 성숙한 경우

동반자가 양육자보다 믿음의 선배이거나 신앙생활의 연수가 훨씬 많은 경우 혹은 성경 지식이 많거나 더 성숙한 직분자일 경우가 종종 있다. 이때 양육자는 가르친다는 입장보다는 들어주는 입장에서 동반자의 신앙이 올바른지를 점검하면서 양육하는 것이 좋다.

• 동반자가 구원의 확신이 없는 경우

구원의 확신을 공부했음에도 불구하고 구원의 확신을 갖지 못하는 동반자도 있다. 이 경우 계속 중보기도하면서 매 과를 공부할 때마다 재차 확인하면서 진도를 나가도록 한다. 대부분 양육이 끝날 무렵 반드시 확신을 갖게 된다.

• 동반자가 완전 초신자인 경우

양육자는 이런 동반자를 어린아이에게 사물을 설명해 주듯이 쉽게 접근해야 한다. 특히 성경을 찾아 써오는 예습을 가장 어려워하기 때문에 인내를 가지고 진도에 너무 얽매이지 말고 양육하는 것이 좋다.

왜 일대일 제자양육인가

10장

양육자
훈련 과정

일대일 양육자는 누구인가?

일대일 제자양육 과정에서 양육자의 역할이 무엇보다 중요하다. 양육자의 태도와 양육 방식이 그대로 동반자에게 영향을 끼치기 때문이다. 따라서 건강한 양육자가 건강한 동반자를 낳을 수 있다. 그러므로 양육자를 올바로 훈련하지 않으면 양육은 실패할 가능성이 높다.

일대일 제자양육을 도입한 교회들 중에 간혹 양육자 과정을 반으로 줄여서 진행하는 경우가 있다. 그 이유는 동반자 과정에서 배운 내용을 반복할 필요가 없다고 인식하기 때문일 것이다. 그러나 그런 결정은 분명히 큰 오류를 범하는 것이다. 온누리교회가 양육자 과정을 동반자 과정처럼 16주를 고집하는 이유는 그만큼 양육자의 영성과 자질을 높이는 것이 중요하다고 인식하기 때문이다. 그러므로 일대일 제자양육 과정에서 양육자는 아래와 같은 정체성을 갖도록 훈련한다.

일대일 양육자는 유모다

우리는 그리스도의 사도로서 마땅히 권위를 주장할 수 있으나 도리어 너희 가운데서 유순한 자가 되어 유모가 자기 자녀를 기름과 같이 하였으니 우리가 이같이 너희를 사모하여 하나님의 복음뿐 아니라 우리의 목숨까지도 너희에게 주기를 기뻐함은 너희가 우리의 사랑하는 자 됨이라 **살전 2:7-8**

사도 바울은 자신과 데살로니가 교인의 관계를 유모와 아기로 비유하였다. 유모가 아기를 기르는 것같이 그들을 양육했다는 것이다. 양육자와 동반자의 관계도 이와 같다. 양육자는 동반자의 영적인 유모로서 다음과 같은 태도를 견지해야 한다.

첫째, 동반자를 우선순위에 둔다. 유모는 아기에게 우선순위를 둔다. 한 가정에서 아기가 출생하면 집안의 모든 것이 아기를 중심으로 재편된다. 마찬가지로 양육자는 동반자 중심으로 시간과 스케줄을 재편해야 한다. 양육할 요일과 시간과 장소 등을 서로 협의해서 결정하겠지만 기본적으로는 동반자에게 우선권을 주어야 한다. 양육자가 동반자의 시간과 장소에 맞춰야 한다는 얘기다.

어느 동반자가 수료식에서 양육자에게 몹시 감사하다는 말을 해서 양육자에게 그 이유를 물으니 이랬다. 동반자가 사업을 하다 보니 시간을 고정해 둘 수 없어 매주 동반자의 시간표에 맞춰 양육을 했다는 것이다. 양육자 자신도 사업을 하는 터라 쉽지 않은 일이었지만 동반자 우선으로 양육하게 되었고 그 결과 좋은 열매를 맺을 수 있었다.

둘째, 동반자에게 생명의 양식을 잘 먹여야 한다. 유모의 가장 중요한 사명은 아기를 잘 먹여서 건강하게 성장하게 하는 것이다. 유모가 아기의 성장 발달에 필요한 양식 즉 우유, 이유식, 간식, 주스 등을 제때에 먹이는 것처럼 양육자는 동반자에게 양질의 생명의 양식을 먹여야 한다. 그러려면 양육자는 준비를 철저히 해야 한다. 매 과에서 다루는 학습 내용을 숙지하는 것은 물론이고 반드시 가르쳐야 하는 내용과 나눔 거리를 구체적으로 준비해서 차질없이 진행해야 한다.

셋째, 동반자의 마음을 읽을 줄 알아야 한다. 유모는 아기의 마음을 읽을 줄 안다. 아기의 표정만 보고도 배고픔, 슬픔, 아픔, 배설 등의 상태를 파악하여 아기에게 적절한 조치를 취할 수 있다. 양육자는 동반자의 영적 상황을 잘 읽어서 성경적으로 적절하게 가이드해 주어야 한다. 그러려면 유모가 눈높이를 아기 수준으로 맞추어 소통을 하듯이 양육자도 동반자의 눈높이에 맞춰 들어주고 이해해 주고 대화할 줄 알아야 한다.

한때 성인 공동체 양육자들이 청년부 지체들을 양육할 때 이 부분에서 실수를 해 어려움을 겪은 적이 있다. 그래서 청년 문화를 이해할 수 있는 특강을 개설해 더 이상 실수를 반복하지 않도록 했다. 그러나 무엇보다도 유모에게 가장 필요한 것은 아기를 사랑하는 것이다. 양육자는 최선을 다해서 그리고 사랑하는 마음으로 동반자를 양육해야만 한다. 바울이 목숨까지도 내어 줄 심정으로 데살로니가 교회 성도들을 양육했던 것처럼 말이다.

일대일 양육자는 진리를 가르치는 교사다

내가 마게도냐로 갈 때에 너를 권하여 에베소에 머물라 한 것은 어떤 사람들을 명하여 다른 교훈을 가르치지 말며 신화와 끝없는 족보에 몰두하지 말게 하려 함이라 이런 것은 믿음 안에 있는 하나님의 경륜을 이룸보다 도리어 변론을 내는 것이라 **딤전 1:3-4**

일대일 제자양육에서 가장 중요한 것은 진리를 가르치는 것이다. 나눔도 중요하지만 굳이 우선순위를 따지자면 진리를 가르치는 것이 더 중요하다. 따라서 양육자는 복음과 진리에 확신을 가지고 있는 사람이어야 한다. 그는 구원의 확신은 물론 성경을 바로 볼 줄 알며 하나님의 뜻을 분별할 줄도 알아야 한다. 진리를 가르쳐야 하는 교사로서 양육자는 다음과 같은 태도를 가지고 양육해야 한다.

첫째, 다른 교훈을 가르치지 말아야 한다. 양육자는 교재를 벗어나서 다른 내용을 다루어서는 안 된다. 교재 내용만으로도 양육은 충분하다. 양육자가 교재를 무시하고 다른 내용을 다루는 것 때문에 시험에 들어 일대일 양육팀에 신고가 들어오는 경우가 드물게 있다. 한편, 교재를 두고 지나치게 많은 내용을 다루어서 동반자가 부담을 갖는 경우도 있다. 둘 다 양육자가 자신의 실력을 과시하고 싶은 욕심 때문에 일어나는 현상이 아닐까 한다. 다시 한 번 강조하지만 일대일 제자양육 교재는 그 내용만으로도 양육하기에 충분하기 때문에 불필요한 실수를 범할 필요가 없다.

둘째, '내가복음'을 가르쳐서는 안 된다. 가끔 양육자가 동반자에게 혼란을 주거나 동반자를 실족케 하는 내용을 가르치는 경우가 있다. 이런 상황이 벌어지는 이유는 대개 양육자가 '내가복음'을 가르치기 때문

왜 일대일 제자양육인가

이다. 특히 구원과 성령, 율법주의 등을 다룰 때 혼란이나 논쟁을 일으킬 수 있다. 따라서 양육자 자신의 신앙관을 주입하는 식의 가르침을 삼가야 한다. 건강한 양육자는 불필요한 논쟁을 일으키는 내용을 다루지 않는다.

어느 교회의 동반자 과정 수료 예배에 참석하여 설교를 한 적이 있다. 수료식을 마치고 동반자들과 소감을 나누면서 교제하는 시간을 가졌다. 그때 한 자매가 불만을 털어놓았다. 자매의 양육자가 성령의 은사 중 방언을 시종 강조했다는 것이다. 성령의 은사를 배우는 과정이 아닌데도 불구하고 은사를 강조하여 마음이 너무 어려웠다고 했다. 그 양육자는 바로 '내가복음'을 가르쳤던 것이다.

셋째, 양육자는 오직 진리만 가르쳐야 한다. 사도 바울은 제자인 디모데에게 양육자가 취해야 할 태도가 무엇인지 가르쳐 주었다.

네가 이것으로 형제를 깨우치면 그리스도 예수의 좋은 일꾼이 되어 믿음의 말씀과 네가 따르는 좋은 교훈으로 양육을 받으리라 **딤전 4:6**

양육자는 믿음의 근거가 되는 성경 말씀과 그 말씀에 근거한 그리스도인의 삶이 무엇인지를 나누어야 한다. 그러므로 양육자는 교재의 내용만 충실히 다루어도 진리를 가르치는 교사가 될 수 있다. 동반자는 이와 같은 가르침을 통해서 신앙의 틀을 형성하게 될 것이고 삶의 나눔을 통해서 영적 성장을 경험하게 될 것이다.

일대일 양육자는 멘토다

너희도 아는 바와 같이 우리가 너희 각 사람에게 아버지가 자기 자녀에게 하듯 권면하고 위로하고 경계하노니 이는 너희를 부르사 자기 나라와 영광에 이르게 하시는 하나님께 합당히 행하게 하려 함이라 **살전 2:11-12**

양육자는 진리를 가르치는 교사이면서 동시에 삶을 나누는 멘토여야 한다. 제자들에게 예수님은 스승이기도 했지만 동시에 훌륭한 멘토였다. 그들이 무엇을 해야 할지 모를 때, 어떻게 살아야 할지 모를 때 주님은 적절하게 코치해 주셨다. 때로 저들이 실망스러울 때나 실패했을 때도 책망보다는 격려를 아끼지 않으셨다.

사도 바울도 데살로니가 교회의 훌륭한 멘토였다. 바울은 자신과 데살로니가 교회의 성도들을 아버지와 자녀의 관계로 비유하였다. 훌륭한 아버지는 자녀들에게 훌륭한 멘토가 되어 준다. 바울은 교인들이 환란과 핍박 속에서도 믿음을 지키고 있을 때 아버지처럼 그들을 위로하는 한편 굳건하게 설 수 있도록 응원했다.

양육자는 동반자의 멘토로서 그들이 신앙생활은 물론 가정생활과 직장 생활에서 만나는 다양한 문제들을 잘 해결할 수 있도록 응원하고 격려하며 잘 돌봐야 한다. 동반자 과정을 마친 지체들의 간증을 통해서도 양육자와 동반자가 진정한 멘토와 멘티의 관계가 되었을 때 양육의 열매가 컸음을 알 수 있다.

사도 바울은 아테네에 머물면서 디모데를 데살로니가 교회로 보내 그들이 환란 가운데서도 요동하지 않도록 믿음을 격려해 주는 멘토가 되게 하였다(살전 3:1-3). 바울은 멘토의 참 모습이 무엇인지를 보여 주었다. 양육자는 다음과 같은 태도를 가지고 멘토의 역할을 감당해야 한다.

첫째, 동반자의 신앙생활 코치가 되어야 한다. 건강한 아버지는 자녀의 인생 코치가 되어 준다. 아버지는 자녀들이 성장해 가는 과정에서 직면하는 다양한 상황이나 일들을 잘 감당할 수 있도록 적절하게 코치해 준다. 그리고 삶의 목표와 방향도 제시해 준다. 이처럼 양육자는 동반자에게 '어떻게?' 혹은 '왜?'라는 신앙과 삶의 의문들에 대하여 적절하게 권면해 주는 코치가 되어야 한다. 그리고 양육 과정에서 그리스도인의 삶의 방향과 목표도 재정리할 수 있도록 도와주어야 한다.

둘째, 동반자의 후원자가 되어야 한다. 건강한 아버지는 자녀의 후원자가 되어 준다. 아버지는 자녀들이 자신감을 가지고 인생을 살아갈 수 있도록 늘 응원을 아끼지 않는다. 실패나 실수를 했을 때는 위로와 격려를 해주고 잘했을 때는 칭찬을 아끼지 않는다. 아버지는 자녀들이 성숙해질 때까지 그들의 삶에 깊이 간섭하지 않고 조용히 인내하면서 기다려 준다. 예수님도 실수투성이 제자들을 인내하면서 기다려 주셨다.

마찬가지로 양육자는 동반자가 영적으로 올바로 서서 건강한 그리스도인으로서 세상을 살아갈 수 있도록 응원하고 지지하며 인내하고 기다려 주는 후원자가 되어야 한다. 동반자 중에는 양육자의 지지와 격려로 인해 오랜 상처가 치유된 이들도 종종 있다.

셋째, 동반자의 롤모델이 되어야 한다. 건강한 아버지는 자녀들에게 롤모델이 되어 준다. 자녀들은 어려서부터 아버지와 함께 살면서 신앙과 삶, 가치관과 세계관 등을 습득하게 된다. 동반자는 16주간의 양육기간 중에 양육자를 롤모델 삼게 된다. 그래서 많은 경우 동반자가 양육자가 되었을 때 자신의 양육자로부터 배운 대로 양육하게 된다. 뿐만 아니라 양육자가 섬기는 사역에 참여하게 된다.

일대일 양육자는 훈련 조교다

우리가 그를 전파하여 각 사람을 권하고 모든 지혜로 각 사람을 가르침은 각 사람을 그리스도 안에서 완전한 자로 세우려 함이니 이를 위하여 나도 내 속에서 능력으로 역사하시는 이의 역사를 따라 힘을 다하여 수고하노라 **골 1:28-29**

집에선 마냥 어리광쟁이던 아이가 유치원 생활을 하면서 태도가 달라지는 것을 본다. 마냥 놀기 좋아하던 청년들이 군대 다녀온 뒤로 삶에 대해 숙연해지는 것을 보곤 한다. 심지어 이단에 미혹된 사람들도 몇 개월 훈련받고 나면 사람이 달라져 버린다. 어떻게 이런 변화가 일어나는 것일까?

그것은 바로 훈련의 결과다. 훈련을 어떻게 받았기에 그런 변화가 일어나는 것일까? 사도 바울이 골로새 교회에 보낸 편지에서 밝혔듯이, 각 사람을 완전한 자로 세우기 위해서는 그리고 일대일 제자양육자로 바로 서기 위해서는 다음과 같은 방법을 적용해야 한다.

첫째, 규칙대로 양육해야 한다. 군대에서 조교는 모든 훈련을 규칙대로 한다. 군생활도 훈련 시간, 쉬는 시간, 식사 시간, 잠자는 시간 등 제시된 수칙을 철저히 따른다. 이처럼 훈련은 질서 안에서 이루어질 때 좋은 결과를 얻을 수 있다.

양육자는 제시된 양육 규칙을 따라 전 과정을 진행해야 한다. 예습 점검하기, 성경 암송하기, 큐티 나누기, 시간 지키기, 사랑으로 동반자 섬기기, 키 그림 그리기 등 주어진 규칙을 준수해야 한다. 만약 양육자가 규칙을 무시하고 양육하면 좋은 열매를 기대할 수 없다.

둘째, 반복해서 훈련해야 한다. 훈련 조교는 규칙대로 훈련할 뿐만 아니라 훈련 내용을 철저하게 반복시킨다. 반복은 훈련 내용을 몸과 마음으로 기억하게 만든다. 훈련이 그대로 생활이 되는 것이다.

이와 같이 양육자는 양육 때마다 반복해야 할 내용을 반드시 반복해서 가르쳐야 한다. 반복을 소홀히 하면 양육 효과는 떨어질 수밖에 없다. 그동안에 축적된 통계를 통해서도 입증된 바다. 큐티 나누기, 성경 암송하기, 숙제 검사하기, 키 그림 그려 보기 등은 반복해서 해야만 하는 내용이다. 이것을 성실하게 수행했는지 아닌지는 양육자 과정을 밟다 보면 드러나게 된다. 반복해야 할 훈련을 소홀히 한 동반자의 경우 양육자 과정에서 어려움을 겪게 된다.

리처드 포스터(Richard Foster)는 그의 저서 《영적 훈련과 성장》에서 학습의 4단계를 '반복-집중-이해-숙고'로 소개하고 있다. 그중 첫 단계가 반복이다. 그에 의하면, 반복은 사고에 영향을 끼치고 결국 행동의 변화를 가져온다는 것이다. 따라서 반복의 중요성은 아무리 강조해도 지나치지 않는다.

셋째, 동반자에게 시범을 보여야 한다. 조교는 훈련생 앞에서 몸소 시범을 보여 줌으로써 훈련의 효과를 높인다. 이와 같이 양육자는 친히 시범을 보여 동반자로 하여금 더 나은 결과를 얻게 해줘야 한다. 사도 바울은 말로만 복음을 전하거나 제자를 양육하지 않았다. 자신이 경험한 성령의 능력과 체험 그리고 확신을 그대로 보여 주고 전하며 양육했다.

양육자 역시 말로만 동반자를 양육하지 않는다. 본인이 체험한 말씀의 능력, 순종의 축복, 시험의 극복을 함께 나눔으로써 동반자로 하여금

도전도 받고 영감도 얻고 영적 에너지를 충전받을 수 있도록 해야 한다. 영어로 말하면 empowering(임파워링)이다.

이는 우리 복음이 너희에게 말로만 이른 것이 아니라 또한 능력과 성령과 큰 확신으로 된 것임이라 우리가 너희 가운데서 너희를 위하여 어떤 사람이 된 것은 너희가 아는 바와 같으니라 **살전 1:5**

넷째, 예비 양육자를 배출해야 한다. 조교는 훈련생을 배출하는 것에 큰 자부심을 갖는다. 약속된 훈련을 마무리한 군인들이 배치받은 부대에 가서 훌륭하게 군생활할 것을 기대하면서 퇴소식을 진행한다. 마찬가지로 양육자는 동반자가 예비 양육자로서 배출되는 것을 보람으로 여긴다. 동반자 과정을 마친 지체가 예수님의 제자로 거듭날 것과 또 한 사람의 훌륭한 양육자로 배출될 것을 기대하면서 양육을 마무리한다.

일대일 양육자는 중보자다

우리가 우리 하나님 앞에서 너희로 말미암아 모든 기쁨으로 기뻐하니 너희를 위하여 능히 어떠한 감사로 하나님께 보답할까 주야로 심히 간구함은 너희 얼굴을 보고 너희 믿음이 부족한 것을 보충하게 하려 함이라 **살전 3:9-10**

사도 바울은 데살로니가 교회와 성도들의 영적 성장을 위해 밤낮으로 기도하였다. 이것은 양육에 있어서 중보기도가 매우 중요하다는 것을 보여 준다. 일대일 제자양육에서도 중보기도는 절대적으로 필요하다. 두 사람이 양육자와 동반자로 만나서 말씀을 공부하며 마음을 열고

왜 일대일 제자양육인가

삶을 나누는 것은 성령의 도우심이 없이는 불가능하다. 또한 중보기도 없이는 영적 성장도 불가능하다. 그러므로 양육자는 자신이 동반자를 위한 중보자로 세움 받았음을 기억하고 다음과 같이 기도해야 한다.

첫째, 동반자를 위하여 기도를 쉬지 말아야 한다. 자녀들을 위한 부모의 역할 중 가장 중요한 것은 중보기도다. 자녀들은 부모의 눈물의 기도를 받으면서 성장한다. 그 기도의 응답은 자녀들의 삶 구석구석에서 능력으로 나타난다. 마찬가지로 양육자는 과정을 마칠 때까지 동반자를 위한 중보기도를 멈추지 않는다. 영적 부모로서 드리는 양육자의 기도는 동반자의 훈련은 물론 삶의 구석구석에까지 선한 영향을 끼치게 된다.

둘째, 동반자 과정이 은혜롭게 진행될 수 있도록 기도한다. 동반자 과정이 순조롭게 진행되지 못하는 경우가 많다. 뜻하지 않은 상황이 발생해서 양육을 잠시 멈춰야 하는 경우도 있고, 동반자 과정을 마쳤지만 변화를 경험하지 못한 동반자도 있으며, 예수님의 제자로 거듭나지 못하는 사람도 있다. 따라서 양육자의 눈물의 기도 없이는 일대일 제자양육이 온전하게 진행되기가 어렵다. 진행 과정에 어려움이 있을 뿐 아니라 사탄의 방해도 많다.

셋째, 동반자의 믿음 성장을 위해 지속적으로 기도한다. 사도 바울이 그랬듯이 양육자는 동반자의 부족한 부분이 양육 과정을 통해서 채워질 수 있도록 기도해야 한다. 그리고 동반자가 진정한 예수님의 제자로 성장해 갈 수 있도록 눈물로 기도해야 한다. 영적 성장은 본인의 노력 여부가 지대한 영향을 끼치지만 누군가의 기도 후원도 결코 소홀히 여길 수 없다.

넷째, 양육 이후에도 동반자를 위해 지속적으로 중보기도한다. 부모님이 출가한 자녀들을 중보기도로 평생 후원하듯이 양육자는 동반자가 또 한 사람의 양육자로 훌륭하게 쓰임 받을 수 있도록 지속적으로 중보 기도로 후원한다. 왜냐하면 동반자는 양육자가 해산의 수고를 거쳐서 낳은 영적인 자녀이기 때문이다. 한번 양육자는 영원한 양육자요 한번 동반자는 영원한 동반자가 된다.

일대일 양육자는 셀프 트레이너다

망령되고 허탄한 신화를 버리고 경건에 이르도록 네 자신을 연단하라 **딤전 4:7**

사도 바울은 제자요 영적 아들인 디모데에게 자기 성숙을 위하여 무엇을 해야 하는지 분명하게 지침을 주었다. 그것은 경건에 이르도록 자기 훈련을 게을리하지 말라는 당부였다. 이와 같이 일대일 양육자는 동반자를 양육하기 이전에 본인의 영적 성장을 위해서 수고를 아끼지 말아야 한다. 타인을 훈련시키면서 동시에 자신도 훈련해야 한다. 즉 배우면서 가르쳐야 한다. 지속적인 영적 성장을 위하여 끝없이 자신을 돌아보며 훈련시키는 트레이너가 되기 위하여 다음과 같은 태도를 가져야 한다.

첫째, 자신의 영적 성장을 게을리하지 않는다. 양육자는 그리스도인으로서 하나님 앞에서 바로 서기 위하여 경건 훈련을 게을리하지 않는다. 매일 말씀을 묵상하는 것은 기본이며 기도 생활로 늘 깨어 있어야 한다. 그리고 경건 서적을 읽어서 영적 성장의 비타민으로 삼아야 하고 각종 프로그램에 참석하여 영적 성장을 꾀해야 한다. 양육자는 동반자를 영적으로 잘 인도해 줄 수 있는 가이드로서 자격을 갖추어 가야 한다.

왜 일대일 제자양육인가

둘째, 삶에서 본이 되려고 노력한다. 일대일 제자양육은 말씀만 가르치는 과정이 아니라 피차 삶을 나누는 과정이기 때문에 자연스럽게 양육자의 삶이 동반자에게 드러나게 되어 있다. 그러므로 양육자는 신앙생활에서 동반자에게 본이 되려고 노력해야 한다. 사도 바울은 디모데에게 누군가로부터 업신여김을 당하지 않도록 말과 행실과 사랑과 믿음과 순결에 대해서 본이 되어야 한다고 당부하였다(딤전 4:12). 이것이 바로 양육자가 취해야 할 영적 태도다. 양육자는 동반자에게 삶에서도 선한 영향을 끼칠 수 있어야 한다.

셋째, 부끄러울 것이 없도록 주의를 기울인다. 양육자는 하나님과 동반자 그리고 자기 자신에게 부끄럽지 않기 위하여 지속적으로 자신을 돌아보아야 한다. 말씀을 가르침과 삶을 나눔에 있어서 부끄러울 것이 없는지 꾸준히 자신을 점검하면서 양육해야 하는 것이다. 특히 양육자는 교회 생활을 건강하게 하기 위해 주의를 기울여야 한다. 만일 양육자가 어떤 이유로든 교회 안에서 문제를 일으키거나 어려운 상황을 만들게 되면 동반자는 상처를 받고 시험에 들 수 있다. 사도 바울은 디모데에게 진리의 말씀을 가르침에 있어서 부끄러울 것이 없어야 하고 사람보다는 하나님께 인정받을 수 있도록 자신을 돌아보아야 한다(딤후 2:15)고 당부하였다. 이 말씀은 양육자가 취해야 할 태도가 무엇인지를 가르치고 있다.

일대일 양육자는 꿈을 꾸는 사람이다

이를 위하여 우리가 수고하고 힘쓰는 것은 우리 소망을 살아 계신 하나님께 둠이니 곧 모든 사람 특히 믿는 자들의 구주시라 **딤전 4:10**

사도 바울은 복음을 전하고 제자를 양육하고 교회를 섬기는 사역들을 그냥 하지 않았다. 소망을 하나님께 두고 사역했다. 하나님의 뜻이 이루어지는 사역, 하나님의 영광이 나타나는 사역, 주님의 이름이 높임을 받는 사역이 되길 소망했다. 그렇기에 사역 과정에서 직면하는 모든 고난과 핍박과 시험들을 감당할 수 있었다.

양육자는 꿈을 꾸는 사람이다. 경건한 부모는 하나님께 소망을 두고 자녀의 미래를 바라보며 양육을 한다. 마찬가지로 양육자는 하나님께서 동반자를 통해서 하실 일을 기대하면서 양육을 한다. 바울처럼 꿈을 꾸면서 다음과 같은 태도를 가지고 양육을 한다.

첫째, 동반자의 삶이 변화될 것을 꿈꾸며 양육한다. 일대일 제자양육은 신앙과 삶을 변화시키는 힘을 가지고 있다. 이것은 동반자 과정을 마친 사람들의 간증을 통해서 입증된다. 양육자는 이 같은 변화를 경험했기 때문에 자신이 양육하는 동반자에게 같은 변화가 일어날 것을 기대하게 된다. 일대일 제자양육은 경건에 이르게 하는 훈련 과정이다. 이 훈련은 모든 일에 유익하여 금생과 내생에서 생명을 약속하고 있다. 양육자는 하나님께서 동반자 안에서 행하실 놀라운 일을 기대하면서 양육해야 한다.

둘째, 동반자가 예수님의 제자가 될 것을 꿈꾸며 양육한다. 일대일 제자양육은 동반자를 예수님의 제자가 되도록 훈련하는 과정이다. 예수님의 제자가 되었다는 것은 삶의 틀이 예수님 중심으로 재편되었다는 것이다. 그러므로 양육자는 동반자의 삶이 변화될 뿐 아니라 그가 참된 예수님의 제자로서 평생 살아갈 것을 기대한다. 양육자는 이와 같은 소망을 하나님께 두기 때문에 양육 과정에서 수고를 아끼지 않는다. 양육자는 본인이 이미 예수님의 제자로 살고 있기 때문에 더욱 하나님께 소망을 두고 양육에 전념할 수 있다.

셋째, 동반자가 훌륭한 양육자가 될 것을 꿈꾸며 양육한다. 훌륭한 스승에게서 훌륭한 제자가 나오는 것처럼 훌륭한 양육자에게서 훌륭한 동반자가 나오는 법이다. 양육자는 동반자가 미래에 훌륭한 양육자로서 쓰임 받게 될 것을 소망하면서 열심히 양육한다.

일대일 양육자반의 훈련 목적

일대일 제자양육 과정에서 양육자의 중요성은 아무리 강조해도 지나치지 않다. 왜냐하면 제자양육의 성패가 양육자에게 달려 있기 때문이다. 건강한 양육자가 건강한 동반자를 낳고 병든 양육자가 병든 동반자를 낳는다. 이는 양육자반에서의 훈련이 어떠해야 하는지를 알려 준다. 일대일 제자양육에서 양육자반은 다음과 같은 목적을 가지고 훈련을 한다.

양육자로서 합당한 영적 자질을 갖추기 위해

네가 이것으로 형제를 깨우치면 그리스도 예수의 좋은 일꾼이 되어 믿음의 말씀과 네가 따르는 좋은 교훈으로 양육을 받으리라 **딤전 4:6**

동반자 과정을 마치고 양육자반에 들어온 사람들은 다양한 신앙적 배경을 가지고 있다. 신앙생활을 막 시작한 사람이 있는가 하면 이미

10년 이상 교회 생활을 한 사람도 있다. 성경에 대한 지식이 부족한 사람이 있는가 하면 풍성한 사람도 있다. 이처럼 양육자반에서는 신앙의 성숙도가 다양한 사람들이 모여 훈련을 받게 된다.

그런 까닭에 신앙생활 연수도 짧고 성경 지식도 부족한 사람에게 훈련 과정을 수료했다고 해서 곧바로 양육을 맡기는 것은 무리가 있다. 이 점을 고려하여 양육자반에서는 각 과에서 제시하고 있는 내용은 물론이고 그 내용을 더 깊이 있게 다루어 양육자가 되는 데 필요한 내용을 보충하고 있다. 이 같은 훈련은 신앙 경험이 많은 사람들에게도 신앙의 체계를 구체화한다는 점에서 도움이 된다.

양육자와 동반자는 배움의 관계를 맺고 있다. 이 관계를 통해 말씀을 배움은 물론 영적으로 성장하고 그리스도인으로서 성숙해질 수 있다. 따라서 양육자가 일대일 양육을 성숙한 배움의 관계로 만들기 위해서는 강도 높은 훈련을 받아야 한다. 양육자 과정에서 제시되는 모든 과제물은 이를 위한 것이다.

훈련의 열매를 얻기 위해서는 강사들이 강의 준비를 철저하게 해야 한다. 강의안을 작성하여 각 과의 중심 내용을 명확하게 가르쳐야 한다. 강의안은 첫째, 학습 개요(각 과에서 다루어야 할 주제), 둘째, 학습 목표(각 과의 핵심적인 내용 즉 과를 마치면 반드시 알아야 할 내용), 셋째, 질문(학습한 내용을 확실하게 숙지할 수 있고 그 내용을 삶에 적용할 수 있도록 훈련하기 위하여 학습 내용에 맞는 질문을 제공), 넷째, 실습(일대일로 양육 실습을 하여 자신감 있게 출발할 수 있도록 도움) 등으로 구성된다.

왜 일대일 제자양육인가

또 네가 많은 증인 앞에서 내게 들은 바를 충성된 사람들에게 부탁하라 그들이

또 다른 사람들을 가르칠 수 있으리라 **딤후 2:2**

양육자 과정을 수료할 즈음이면 훈련생들이 공통적으로 양육에 대한 두려움을 갖게 된다. 과연 나도 훌륭한 양육자가 될 수 있을까, 라는 의문을 품는 것이다. 지극히 정상적인 현상이라고 생각한다. 양육자반에서는 훈련생이 갖는 두려움을 물리치기 위해 다음의 두 가지를 중점적으로 훈련한다.

첫째는 나눔 훈련이다. 일대일 제자양육은 일방적으로 가르치는 것이 아니기 때문에 나눔이 매우 중요하다. 그래서 큐티 나눔을 시작으로 각 과에서 반드시 동반자와 나누어야 할 내용을 알려 줄 뿐 아니라 둘씩 짝을 지어 서로 나누어 보도록 훈련한다.

둘째는 실습 훈련이다. 이것은 양육에 대한 두려움을 해소하는 좋은 방법이다. 두 사람이 짝을 지어 16주 과정 중 가장 중요한 내용을 택하여 실질적으로 처음부터 끝까지 양육을 해보게 한다.

즉 양육자반 훈련 6주 차에 네 번째 만남인 '예수를 믿으십시오'를 가지고 파트너 A는 파트너 B를 양육한다. 그리고 각자 양육자와 동반자로서의 소감을 나누고 그 내용을 제출한다. 그 후 12주 차에 '구원의 확신'을 가지고 역할을 바꾸어 파트너 B는 파트너 A를 양육한다. 그리고 각자 소감을 나누고 그 내용을 제출한다. 양육 후 소감을 나누는 것은 양육방법을 성숙시키는 데 매우 큰 역할을 한다.

이처럼 실습이 중요하기 때문에 처음 4과로 편성되어 있는 예수 그

리스도에 관한 내용을 두 과로 합쳐서 공부하고 남은 두 과를 실습으로 대치하였다. 이를 통해 양육자는 양육 과정을 은혜와 감동이 있고 성숙도 있도록 이끌어 가는 훈련을 받게 된다.

위의 두 가지 훈련 외에도 훈련생들에게 반드시 가르쳐야 할 것이 있는데 그것은 곧 맞춤 양육 방법이다. 양육자들은 다양한 동반자들을 만나게 된다. 따라서 그들의 특성에 맞춘 양육 전략이 필요하다.

어느 양육자는 요양원에 머물고 있는 할아버지를 동반자로 배정받았다. 첫 번째 만남을 가진 후 동반자에게는 글씨가 큰 교재가 필요하다는 것을 알았다. 그래서 양육자는 교재를 확대 복사하여 3권으로 나누어 제본을 해서 양육했다고 한다. 그리고 동반자가 너무 연로하여 성경을 찾기 어렵다고 하자 해당 성경 구절을 큰 글씨로 복사해서 제공했다고 한다. 양육자의 이와 같은 배려 덕분에 양육을 잘 마칠 수 있었다.

어떤 양육자는 대인기피 증세를 가진 동반자를 만났다. 동반자는 첫 만남에서 2시간 동안 듣기만 할 뿐 좀처럼 입을 열지 않았다. 그래서 양육자는 양육을 시작하기 전에 먼저 관계 맺기를 시도하였다. 동반자가 좋아하는 것을 자신도 좋아하려고 했고 동반자가 관심 있어 하는 것을 자신도 관심 가지려 했다. 어느 날 동반자가 메뚜기를 잡으러 간다는 말을 듣고 양육자 가족이 함께 동행했다. 가족은 동반자가 요리해 준 메뚜기를 맛있게 먹었다. 그 후 동반자가 스스로 일대일 양육을 받고 싶다고 요청했다고 한다. 지금은 동반자가 어느 유명 선교단체에서 강사로 섬기고 있다고 한다. 이와 같이 동반자의 상황에 맞춘 양육 전략을 소개해 주는 것은 양육자들에게 많은 도움이 될 것이다.

왜 일대일 제자양육인가

교회의 성숙한 리더로 성장하기 위해

너는 진리의 말씀을 옳게 분별하며 부끄러울 것이 없는 일꾼으로 인정된 자로
자신을 하나님 앞에 드리기를 힘쓰라 **딤후 2:15**

교회 생활을 건강하게 하도록 훈련하는 것이 동반자 과정의 목적 중
하나였다면 양육자 과정은 교회에서 성숙한 리더가 되는 데 필요한 영
성을 훈련한다. 제자가 훈련을 통해서 만들어지듯이 영성도 훈련을 통
해서 형성된다. 영성이란 하나님과 친밀한 교제 안에 머무는 것이다. 또
한 예수 그리스도의 몸인 교회를 사랑함은 물론 건강한 방법으로 교회
를 섬기는 것이다.

이와 같은 영성을 훈련하기 위해서 양육자 과정에서는 필독서를 3권
이상 읽고 독후감을 제출하게 한다. 필독서는 온누리교회의 교회론과
목회 철학을 담고 있는 하용조 목사의 《사도행전적 교회를 꿈꾼다》와
말씀 중심의 영성을 훈련시켜 주는 《큐티하면 행복해집니다》 그리고 데
이빗 왓슨의 《제자도》다. 특히 《제자도》는 장별로 읽고 내용을 요약하
여 제출하게 한다. 그밖에 강사가 추천하는 도서를 읽기도 한다.

한편, 큐티 훈련은 말씀 중심의 영성을 훈련하는 데 매우 중요하다.
훈련생들은 큐티 노트를 2권씩 준비해 한 주에 4회씩 묵상한 내용을 노
트에 기록하여 제출한다. 강사는 매주 성의 있게 그 내용을 검토해 줌으
로써 묵상의 수준이 높아지도록 돕는다. 그 외에도 성경 암송과 구원 간
증문 등을 제출한다.

영성의 최고봉은 자기를 사랑하듯이 이웃을 사랑하고 하나님을 사
랑하는 것이다. 양육자는 섬김에 희생이 필요하다는 것을 알고 하나님

의 영광과 타인의 유익 그리고 교회의 덕을 세우기 위하여 일하는 리더가 되어야 한다. 자신이 좋아하는 사역만 참여하려는 리더가 아니라 하나님이 원하시는 사역 그리고 교회가 필요로 하는 사역에 기쁨으로 참여할 줄 아는 리더가 되어야 한다. 이를 위하여 양육자는 우선순위를 하나님께 두고 살도록 훈련되어야 한다. 그렇게 해야만 동반자들이 교회생활을 성숙하게 할 수 있도록 양육할 수 있다.

양육자가 사명감을 갖기 위해

너희도 아는 바와 같이 우리가 너희 각 사람에게 아버지가 자기 자녀에게 하듯 권면하고 위로하고 경계하노니 **살전 2:11**

양육자들이 만나게 될 동반자들 중에는 초신자도 있고 기성 교인도 있다. 또한 교회 문화가 낯선 사람도 있고 익숙한 사람도 있다. 그러나 이들 중에는 대부분 훈련을 받지 못했거나 훈련받을 기회가 없어서 성장하지 못한 사람들이 많다. 구원받지 못한 채 교회만 출석하는 사람이 있는가 하면 복음을 듣고 구원을 얻었지만 영적으로 방치된 사람도 있다. 그야말로 영적 미숙아 상태에 머물러 있는 사람들이 많다. 그런가 하면 성격적으로나 생활 태도 면에서 양육하기 힘든 동반자들도 있다. 불성실한 동반자도 많다.

어느 양육자는 동반자가 시간 개념이 없어서 애를 먹었다. 어느 날은 3시간을 기다렸으나 끝내 만나지 못하고 돌아서기도 했다. 더구나 동반자는 거짓말을 밥 먹듯이 했다. 하지만 양육자는 다 알면서도 그냥 속아주었고, 자신이 시험에 들지 않기 위하여 부단히 성령님을 의지하면서 기다려 주었다. 결국 동반자는 양육을 통해서 도박을 끊고 정상적인 신앙생활을 하는 제자가 되었다. 동반자는 도박보다 더 강력한 예수님께 빠져 도박을 끊을 수 있었다고 간증했다.

이런 다양한 배경을 가진 사람들을 예수님의 제자로 양육하기 위해서는 양육자가 해산의 수고도 마다하지 않는 사명감을 가져야 한다. 그런데 이와 같은 사명감은 성령의 도움이 없이는 지속적으로 유지하기가 쉽지 않다.

동반자는 따라야 할 본보기와 책임 있는 가르침 그리고 영적 돌봄을 필요로 한다. 그러므로 양육자는 동반자의 영적 부모가 될 수 있도록 훈련받아야 한다. 사도 바울이 빌립보 성도들에게 권면했던 "여러분은 그리스도를 위해 살아야 할 책임, 곧 그분을 믿을 뿐 아니라 그분을 위해 고난도 받아야 할 책임을 받았습니다"(우리말성경, 빌 1:29)라는 말씀을 붙잡고 나가야 한다.

한편, 양육자는 예수님이 행하신 핵심 사역에 참여하고 있으며 동시에 예수님이 남겨 주신 위대한 명령에 순종하고 있다는 자부심을 가질 필요가 있다. 그런 만큼 양육자는 예수님의 제자로서 책임감을 가지고 영향력 있는 그리스도인으로 살아가야 한다. 세상과 세상일에 대해 성경적 세계관으로 해석하고 이해할 수 있어야 한다. 또한 영적 전쟁을 인식하고 승리하는 그리스도인으로 살아야 한다. 그렇게 해야만 동반자들을 세상 속에서 작은 예수로 살아갈 수 있도록 양육할 수 있다.

양육자반 훈련 과정

한 번에 약 2시간 동안 진행되는 양육자반은 다음과 같은 순서로 진행된다. (첫 번째 만남인 오리엔테이션 시간에는 제시된 서약서를 작성하고 엄숙하게 선서를 한다. 그리고 키 그림을 설명해 주고 난 후 각자 그려 보게 한다. 그리고 둘씩 짝을 지어 파트너를 동반자로 여기고 키 그림을 그리면서 과정을 설명해 주도록 한다.)

1) 출석 및 과제물 점검(10분)

양육자반에 들어오면 출석 체크는 물론 준비된 테이블에서 과제를 점검받는다.

2) 찬양과 기도로 시작(10분)

이때 찬양 인도자는 훈련생 중에서 세우면 좋고 찬양도 두 곡 정도 부르면 좋다. 그리고 기도는 훈련생들이 순번을 짜서 돌아가면서 하면 좋다.

3) 큐티 나눔(10분)

정해진 파트너와 함께 큐티 나눔을 갖는다. 이것은 개인의 영성 훈련이 될 뿐 아니라 동반자 과정을 운영하는 데 필요한 훈련이 되기도 한다. 큐티 나눔은 한 사람당 3분 정도로 진행하는 게 좋다.

4) 교재 내용 공부(60분)

공부는 다음과 같은 순서로 진행한다.

왜 일대일 제자양육인가

첫째, 오늘의 공부 주제와 관련된 질문을 던지고 훈련생들의 대답을 들어 본다.

둘째, 각 과의 주제를 중심으로 양육자들에게 필요한 내용을 강의한다.

셋째, 동반자 과정에서 주의해야 할 교재의 문제들을 짚어서 설명해 준다.

5) 질문과 나눔(20분)

정해진 파트너와 함께 강사가 제시한 질문의 답을 나눈 뒤 서로의 기도 제목을 듣고 짝기도를 한다. 이때 주어지는 질문은 공부한 내용과 연관된 것이다. 그리고 앞으로 양육할 때 동반자와 나누어야 하는 질문이기도 하다. 이것은 동반자 과정에서 하게 되는 내용을 사전에 훈련하는 것이다.

6) 마무리(10분)

마무리는 배운 내용과 관련된 질의 응답으로 한다. 그리고 오늘의 핵심 내용을 강조하고 기도로 마무리한다.

* 배정된 시간은 필요에 따라 조정할 수 있다.
* 양육 실습은 6주 차에 '예수를 믿으십시오'와 12주 차에 '구원의 확신'을 가지고 진행한다. (부록 '일대일 양육자반 강의 일정표'[p. 240] 참조)

양육자 재교육에 관하여

양육자들은 정기적으로 사명감을 고취하고 영적 자질의 점검과 재정비를 위해 재교육할 필요가 있다. 현재 진행하고 있는 과정을 소개하면 다음과 같다

1) Wake up

오랫동안 양육을 쉬고 있는 양육자들을 대상으로 진행하는 과정으로서 일대일 제자양육을 해야만 하는 이유와 각 과의 내용을 요약, 설명한다. 그리고 동반자 과정을 진행할 때 필요한 지식들을 소개해 줌으로써 양육에 참여할 수 있도록 독려한다.

2) Make up

현재 양육을 하고 있는 양육자들의 영적 자질을 높여 주기 위한 과정으로서 교재 외의 내용을 보충해 준다. 이 과정은 모든 과를 보충할 수도 있지만 그보다는 2주 혹은 4주 등으로 나누어 진행함으로써 지속적으로 양육자를 훈련할 수 있다.

이외에도 양육자들의 영적 성숙을 돕기 위한 다양한 특강을 개설하여 훈련을 지속하는 것이 필요하다. 예를 들면 이단 연구, 묵상 훈련, 정서적으로 건강한 영성 훈련 등이 있다.

왜 일대일 제자양육인가

부록

일대일 십계명

안녕하세요

일대일 양육 시작 보고서

일대일 과제 점검표

일대일 양육 결과 보고서

일대일 동반자 소감문

일대일 양육자 소감문

일대일 양육자반 강의 일정표

일대일 양육자반 서약서

일대일 양육 실습 평가서

일대일 십계명

❶ 이성(남:여) 간 일대일을 절대 금지한다.

❷ 단체 양육(1:2 이상)을 절대 금지한다.

❸ 나의 제자가 아니고 주님의 제자를 만든다.

❹ 동반자에게 물질적, 정신적 부담을 주지 않는다.

❺ 기도로 준비하여 기도로 양육한다.

❻ 말씀을 중심으로 서로의 삶을 나눈다.

❼ 말하기는 더디 하고 듣기는 속히 한다.

❽ 말로 가르치지 않고 행동으로 본을 보인다.

❾ 영적 손자를 보도록 끝까지 동반자를 돌본다.

❿ 일대일 교재에 충실하고 과제를 반드시 점검한다.

안녕하세요 🌿

'안녕하세요'는 그리스도 안에서 일대일 양육으로 만난 양육자와 동반자가 서로의 참 모습을 알고 기도해 주며 돕기 위해 마련된 문항입니다. 비밀은 절대 엄수됩니다.

• 당신의 이력 사항을 적어 보세요 •					
		작성일:	년	월	일
성명	(남, 여)	생년월일 (주민번호앞 6자리)			
H.P		E-mail			
집전화		직장 (관심분야)			
직장전화		직분(봉사) 관계			
주소					
가족관계					

1 — 당신의 삶에서 가장 따뜻하고 행복했던 시절은 언제였고, 어떠했습니까?

2 — 당신의 삶에서 가장 춥고 어려웠던 시절은 언제였고, 어떠했습니까?

3 — 예수님을 이미 영접한 경우: 언제 어떻게 영접했습니까?

— 아직 영접하지 않은 경우: 예수님에 대해 어떻게 생각하고 있습니까?

4 — 삶의 비전이 있다면 무엇입니까?

5 — 당신의 기도 제목은 무엇입니까?

일대일 양육 시작 보고서 🌿

시작일		년 월 일		종료예정일		년 월 일

동반자	성명		(남, 여)	생년월일 (주민번호앞6자리)		
	연락처	(H.P) (H)		E-mail		
	주소					
	소속		공동체	다락방	순	
	교회 등록일					

양육자	성명		(남, 여)	생년월일 (주민번호앞6자리)		
	연락처	(H.P) (H)		E-mail		
	주소					
	소속		공동체	다락방	순	

—— 필수사항입니다. 꼭 기재해 주세요.(전산입력용).

—— 이사 등 주소나 전화번호가 변경된 경우 변경사항 통보서를 제출해 주시기 바랍니다.

제출일: _____ 년 _____ 월 _____ 일

일대일 과제 점검표 🌿

- 공부일자 및 양육자 확인란을 꼭 작성해 주세요.

동반자	성명		(남, 여)	연락처	(H.P) (H)			
	생년월일 (주민번호앞6자리)			소속		공동체	다락방	순

양육자	성명		(남, 여)	연락처	(H.P) (H)			
	생년월일 (주민번호앞6자리)			소속		공동체	다락방	순

과	주제	예습 (OX)	QT (주 4회)	성구 암송 (OX)	성경 읽기 (OX)	설교 기록 (OX)	공부 일자	양육자 확인
1과	안녕하세요							
2과	예수1							
3과	예수2							
4과	예수3							
5과	예수4							
6과	큐티의 이론과 실제							
7과	구원의 확신							
8과	하나님의 속성							
9과	하나님의 말씀-성경							
10과	기도							
11과	교제							
12과	전도							
13과	성령 충만한 삶							
14과	시험을 이기는 삶							
15과	순종하는 삶							
16과	사역하는 삶							

왜 일대일 제자양육인가

- 양육자: 아이스쿨 ▶My Page ▶일대일 과정 ▶동반자 내역 보기 및 과제 점검표를 16주까지 작성합니다.
- 동반자: 16주 이후에 아이스쿨 ▶My Page ▶일대일 과정 ▶과제 점검표 보기에서 간증문을 올립니다.

일대일 양육 결과 보고서 🌿

시작일		년 월 일	종료예정일	년 월 일
동반자	성명	(남, 여)	생년월일 (주민번호앞6자리)	
	연락처	(H.P) (H)	E-mail	
	주소			
	소속	공동체	다락방	순
	교회 등록일			
양육자	성명	(남, 여)	생년월일 (주민번호앞6자리)	
	연락처	(H.P) (H)	E-mail	
	주소			
	소속	공동체	다락방	순

• 은혜롭거나 어려웠던 점

• 일대일 사역팀에 건의 및 하고 싶은 말

일대일 양육을 완료한 양육자께서는 결과 보고서를 작성하여 과제 점검
표, 동반자 간증문과 함께 일대일 데스크 또는 목회지원실로 제출해 주시
기 바랍니다.

제출일: _____년 _____월 _____일

일대일 동반자 소감문 🌿

동반자 이름	양육자 이름

• 일대일 동반자 과정을 마치고 난 소감과 받은 은혜를 적어 주시기 바랍니다.

일대일 양육자 소감문 🌿

동반자 성명		양육자 성명		작성일	
동반자 공동체		양육자 공동체		양육자 연락처	

• 동반자와 일대일 양육을 마치며, 양육자로서 받은 은혜와 느낀 소감을 적어
주시기 바랍니다.

_____

_____

_____

_____

_____

_____

_____

_____

_____

_____

_____

_____

일대일 양육자반 강의 일정표 🌿

주	강의 주제	암송 구절	병행 과제
1	오리엔테이션	1) 일대일 양육이란? (사역팀 프레젠테이션) 2) 훈련 과정 설명 (키 그림 설명) 3) 강사 소개, 자기 소개, 반장 선출 등	
2	예수 그리스도(1, 2)	마 28:19-20	키 그림 점검
3	예수 그리스도(3, 4)	갈 2:20 / 요 15:5	독후감 1: 사도행전적 교회를 꿈꾼다
4	큐티의 이론과 실제		
5	구원의 확신	요일 5:13 / 요 5:24	독후감 2: 제자도(1장)
6	양육 실습(1) 예수를 믿으십시오	요 5:24	독후감 3: 큐티하면 행복해집니다
7	하나님의 속성	대상 29:11 / 시 36:5-6	독후감 4: 제자도(2장)
8	성경	딤후 3:16 / 벧전 2:2	독후감 5: 제자도(7장)
9	기도	요 15:7 / 빌 4:6-7	독후감 6: 제자도(6장)
10	교제	요 13:34-35 / 롬 12:4-5	독후감 7: 제자도(3장)
11	전도	롬 1:16 / 벧전 3:15	독후감 8: 제자도(9-10장)
12	양육 실습(2) 구원의 확신		
13	성령 충만한 삶	엡 5:18 / 갈 5:22-23	독후감 9: 제자도(5장)
14	시험을 이기는 삶	약 1:14-15 / 고전 10:13	독후감 10: 제자도(8장)
15	순종하는 삶	롬 12:1 / 눅 9:23	독후감 11: 제자도(11장), 소감문 제출
16	사역하는 삶 및 일대일 양육법	벧전 2:9 / 고전 3:9	독후감 12: 제자도(4장) 종강 OT. 소감문 발표

▶ 교재 안내

• 교재:

　-《일대일 제자양육 성경공부》

　-《일대일 제자양육 양육자 지침서》

　-《일대일 나눔 핸드북》

　-《양육자반 노트》

• 필독서:

　-《사도행전적 교회를 꿈꾼다》(하용조, 두란노)

　-《큐티하면 행복해집니다》(하용조, 두란노)

　-《제자도》(데이빗 왓슨, 두란노)

▶ 수료 조건

• 100% 출석

　- 결석 시 타 양육자반에서 보강 3회 허용(단, 1년 이내)

　- 보강: 양육자반 진행 일정표 참조, 운영자에게 문의

• 100% 과제물 제출

　- 필독서 3권과 독후감 12회, 매주 예습 과제물, 큐티 노트 2권

　- 수료 소감문(15주 차)

서약서

나는 일대일 양육자반에 참여하면서
다음과 같이 서약합니다.

❶ 양육 과정을 마칠 때까지 성령의 인도함을 받겠습니다.

❷ 시간을 철저히 지키겠습니다.

❸ 과제물을 충실히 하겠습니다.

❹ 매일 경건의 시간을 갖겠습니다.

❺ 예수님의 제자로서 생활하겠습니다.

❻ 일대일 제자양육을 성실하게 수행하겠습니다.

❼ 양육자반 교육 기간 중 개인정보(연락처) 사용에 동의합니다.

_____년 _____월 _____일

서약자: _____

서명: _____

일대일 양육 실습 평가서 🌿

일자: _____ 년 _____ 월 _____ 일

평가자: _____

양육자명: _____

동반자명: _____

- 실습 과목: 예수를 믿으십시오(4과), 구원의 확신(6과)
- 평가 방법: 양육자와 동반자의 입장에서 소감을 나눈다.

평가항목	세부 내용	비고
전체 진행은 어떠했는가?		
질문과 대화는 적절했는가?		

내용 설명은 충분했는가?		
양육자의 태도는? (말과 표정)		
잘한 점		
보완할 점